Athen

Klaus Bötig
Elisa Hübel

Inhalt

Das Beste zu Beginn
S. 4

Das ist Athen
S. 6

Athen in Zahlen
S. 8

Was ist wo?
S. 10

Augenblicke
Cafés mit Kultur
S. 12
Unterwegs, aber nie allein
S. 15
Köche mit Engagement
S. 17

„Chovoli"
Kaffee im Sand

Ihr Athen-Kompass
15 Wege zum direkten Eintauchen
in die Stadt
S. 18

 Immer wieder im Brennpunkt – **der Syntágma-Platz**
S. 20

 Rein ins Getümmel – **ins Herz der Pláka**
S. 23

 Eine Insel in der Großstadt – **nach Anafiótika**
S. 27

 Auf dem Götterfelsen – **die Akropolis**
S. 30

 Aufregend anders, Faszination Kunst – **Akropolismuseum**
S. 35

 Auf den Spuren von ... – **Archäologischer Boulevard**
S. 39

Grünes Athen – **Spaziergang mit Akropolisblick**
S. 43

Ganz junges Athen – **Thisío und Gázi**
S. 47

 Hausbesetzer, Graffiti und Spieler – **Exárchia und Metaxourgío**
S. 51

 Amalia, Sophia und ausländische Herren – **Odós Panepistímiou**
S. 56

 Shoppen mal ganz anders – **das Marktviertel**
S. 60

 Der Weg zum Ich – **Archäologisches Nationalmuseum**
S. 64

 Der Heilige mit dem Hundekopf – **Byzantinisches Museum**
S. 68

 Alles Top! – **Kolonáki und Lykavittós**
S. 72

 Kleine Schiffe, große Schiffe – **Piräus**
S. 74

Die Athener Museumslandschaft
S. 78

Museen und »noch mehr«
S. 80

Archäologische Stätten
S. 81

Pause. Einfach mal abschalten
S. 84

 In fremden Betten
S. 86

 Satt & glücklich
S. 90

 Stöbern & entdecken
S. 98

 Wenn die Nacht beginnt
S. 104

Hin & weg
S. 110

O-Ton Athen
S. 114

Register
S. 115

Abbildungsnachweis, Impressum
S. 119

Kennen Sie die?
S. 120

Das Beste zu Beginn

Mit dem Bus in die Stadt
Nehmen Sie für die Fahrt vom Airport in die Stadt lieber den Bus als die Metro. Da sehen Sie auch die Außenbezirke der Stadt und sind gleich unter Athenern, die eine Haltestelle später bei IKEA und Kotsóvolos, dem griechischen Saturn, zusteigen. Die Fahrt dauert 50–70 Minuten.

In der Pláka wohnen
Suchen Sie sich ein Hotel im Altstadtviertel Pláka aus. Von da ist alles Sehenswerte gut zu Fuß zu erreichen – und abends benötigen Sie kein Taxi, um sicher ins Bett zu kommen. Der Flughafenbus hält ganz in der Nähe.

Kein Standardprogramm
Wollen Sie zwei zentrale Stadtviertel kennenlernen, in denen die Welt nicht ganz so heil ist, spazieren Sie durch Exárchia, wo viele Autonome und Protestler wohnen, oder durch Metaxourgío, wo der Ausländeranteil besonders hoch ist. Obwohl die Gefahr, hier in Schwierigkeiten zu geraten, gering ist, sollten Sie dabei Wertsachen besser zu Hause lassen.

Einmaliges kaufen
Allerweltsouvenirs finden Sie in Athen in großer Zahl. Griechische Mode und griechische Schuhe müssen Sie auch nicht lange suchen. Originell und qualitativ hochwertig sind die Shops in Museen. Besonders attraktiv sind die im Byzantinischen Museum, im Museum für kykladische Kunst sowie im Akropolismuseum und im Kulturzentrum Hellenic Cosmos.

Spät losgehen
Athens angesagte Szenetreffs sind die Stadtviertel Psirrí und Gázi, beide nah an der Pláka. Wer sie voller Action sehen möchte, geht besser nicht vor 21 Uhr hin. Dann füllen sich dort erst langsam alle Lokale. Werktags leeren sie sich gegen Mitternacht wieder, an Freitag- und Samstagabenden ist bis gegen 3 Uhr viel los.

Das Beste zu Beginn

Einmal früh aufstehen
Sie wollen die Akropolis fast ohne Touristen erleben? Dann müssen Sie früh aus dem Bett. Nur wenn Sie morgens gleich um 8 Uhr am Eingang stehen, geht es ohne Besuchermassen – und kühler ist es außerdem.

19.08.20

1. von 2 Ebenen am Fenster? Ausblick!

Hoch hinaus
Cafés, Bars und Restaurants auf Dachgärten sind in Athen ein Megatrend. Vom A for Athens am Monastiráki-Platz aus genießen Sie das beste Panorama, Akropolis inklusive. Den tollsten Blickwinkel auf die Akropolis bietet das Thissio View. Besonders nah rücken Sie der angestrahlten Akropolis abseits allen Trubels in der Bar (oder auch im Whirlpool) des Hotels Central in der Pláka.

Alle Welt treffen
Wenn Ihnen nach Gesprächen mit Griechen und Menschen von allen Kontinenten der Sinn steht, führt kein Weg an der einzigartigen Bar und Weinstube Bréttos in der Pláka vorbei. Man sitzt am Tresen oder am einzigen, langen Tisch unter alten Fässern und bunten Likörflaschen. Zu essen gibt es nichts, dafür aber über 80 Weine auch glasweise.

Shoppen im letzten Moment
Athens attraktivste Souvenirs sind Kulinaria. Die kaufen Sie auch noch gut und in großer Vielfalt im Abflugbereich des Flughafens ein. Zudem können Sie so Spirituosen, Olivenöl und griechische Naturkosmetika auch dann problemlos mit ins Flugzeug nehmen, wenn Sie nur mit Handgepäck reisen. Die Preise entsprechen denen in der City.

Wir empfinden jeden Athen-Besuch als Entschleunigung. Die Stadt ist ein einziges, großes Straßencafé, gespickt mit Schönem und Interessantem – und voller Menschen, mit denen man leicht ins Gespräch kommt.

Fragen? Erfahrungen? Ideen?
Wir freuen uns auf Post.

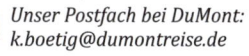

Unser Postfach bei DuMont:
k.boetig@dumontreise.de

Das ist Athen

Ich liebe Athen, weil es viel Freiraum bietet. Andere Metropolen mögen mehr Parks aufweisen können. In Athen werden sie durch die zahlreichen archäologischen Stätten ersetzt. Da ist ins Grün gleich noch Geschichte mit eingestreut. Fußgängerzonen nehmen weite Teile der Innenstadt ein, der berüchtigte Athener Smog gehört der Vergangenheit an. Dadurch sticht auch wieder ein weiterer Trumpf der griechischen Hauptstadt: Das überwiegend weiße Häusermeer reicht von der Ägäis bis an die stadtnahen Berge, die mit dem Párnitha bis auf über 1400 m Höhe ansteigen. Im Winter liegt manchmal Schnee auf den Gipfeln.

Können Bilder lügen?
Athen ist anders, als es uns die meisten Fernsehbilder und die Boulevardpresse weismachen wollen. Kein Zweifel: Griechenland und Athen stecken in einer tiefen Krise, die Arbeitslosigkeit ist hoch, die Armut steigt, die Proteste gegen die Regierung und die Auflagen des Auslands halten an, gelegentlich kommt es zu gewaltsamen Ausschreitungen. Darüber berichten die Medien gern – und fast ausschließlich. Wenn Sie drei Tage in Athen verbringen, gewinnen Sie ein sehr viel differenzierteres Bild.

Metropole mit Herz
Über 4 Mio. Menschen leben im Großraum Athen. Trotzdem ist die älteste bis heute lebendige Stadt Europas gemütlich geblieben, zeigen Athener viel Herz. Ich genieße es, mir bei jedem Aufenthalt ein neues Stammcafé für den zweiten Morgenkaffee zu suchen. Ich setze mich dort dann jeden Morgen auf den gleichen Stuhl. Schon beim zweiten Besuch zeigt der Kellner ein wiedererkennendes Lächeln. Beim dritten Mal weiß er bereits, wie ich meinen Kaffee trinke. Und die anderen Stammgäste, jeder natürlich auf seinem Stammplatz, grüßen mich bereits freundlich. ›Óli théloun na zíssoun‹ ist in Athen ein viel gehörter Satz. ›Alle wollen leben!‹, bedeutet er. Beim Ampelstopp lässt der Taxifahrer die Scheibe runter und nimmt den Reklamezettel an, der ihn gar nicht interessiert: alle wollen schließlich leben. Obdachlose beziehen Stammquartiere vor den Schwellen leerstehender Häuser, Illegale betätigen sich als ambulante Händler – die Polizei kümmert das nicht, solange sie kein Einsatzbefehl von ganz oben erreicht. Die gleiche Toleranz wird auch Rauchern gegenüber geübt: In keinem anderen Land der EU wird der gesetzliche Nichtraucherschutz im Winter so wenig beachtet wie hier. Und im Sommer sitzen ohnehin alle draußen.

Cafés überall
Draußen stehen im Schnitt für jeden Athener mindestens fünf Stühle in Cafés und Tavernen bereit. Immer mehr davon werden in Dachgartenlokalen aufgestellt. Die liegen voll im Trend, eröffnen auch dem Besucher eine völlig neue Dimension. Ruhetage kennt kaum ein Wirt, geöffnet ist meist vom Morgen bis spät in die Nacht hinein. Eng begrenzte Küchenzeiten kennt man nicht – wer schon zum Frühstück ein Kotelett braucht, muss nicht darben. Und auch

Das ist Athen

Frappé, Tavli und viele Freunde – das ist Athener Lebenslust.

kurz vor Mitternacht wird noch aufgetischt. Der Mensch ist schließlich frei zu essen, wann immer er will. Die Liberalität kennt nur eine Grenze: Auf die Akropolis darf keine Stulle mitgenommen werden. Sie ist Nationalheiligtum. Ihm gegenüber erweist man Respekt. ›Respekt‹ ist in Athen ohnehin noch immer ein wichtiges Wort. Deswegen ist auch der Kaffee in den Lokalen relativ teuer. Bei diesem Lieblingsgetränk fast aller Athener bleiben die Gäste oft stundenlang sitzen. Kein Kellner gibt ihnen das Gefühl, sie müssten bald etwas nachbestellen. Der Gast ist schließlich sein eigener Herr. Der wiederum respektiert die Bedienung, drückt ihr kein Trinkgeld in die Hand oder gibt es verbal durch Aufrundung. Die allgemeine, sehr viel feinere Art ist es, das Trinkgeld beim Weggehen auf dem Tisch liegen zu lassen. Dadurch müssen sich Kellner und Kellnerin nicht wie Almosenempfänger fühlen. Der Respekt geht in Athen manchmal sogar so weit, dass Armenküchen den Bedürftigen ihre Mahlzeiten als Pizza-Service getarnt ins Haus bringen.

Alle Facetten erleben

Armut ist in Athen durchaus zu Hause. Die Krise dauert an, Hoffnung auf einen baldigen Wandel zum Besseren hege ich nicht. Wenn Sie Ihre Augen davor und vor anderen Problemen nicht verschließen wollen, bummeln Sie zumindest tagsüber einmal durch innenstadtnahe Viertel wie Exárchia und Metaxourgío (▶ S. 51). Dort wächst eine neue, auch typisch griechische Subkultur heran. Dem Alltag des Durchschnittsatheners kommen Sie z. B. im Marktviertel gut auf die Spur (▶ S. 60), den kleinen Fluchten der zur Hälfte arbeitslosen griechischen Jungakademiker in Szenevierteln wie Gázi (▶ S. 47) oder Psirrí. Genießen Sie aber auch das von Urlaubern teilweise überflutete Altstadtviertel Pláka: Da flaniert Griechenlands größte Hoffnung für die Zukunft auf und ab: der Tourist.

Athen in Zahlen

21
sind die Anfangsziffern jeder Athener Telefonnummer.

42
Prozent der Griechen rauchen – mehr als in jedem anderen europäischen Land.

27,6
Prozent betrug die Gesamtarbeitslosenquote im Mai 2018 in Griechenland.

43,2
Prozent betrug die Jugendarbeitslosigkeit

61
Stationen fährt die Athener Metro an – es sollen noch mehr werden.

75
Regentage verzeichnet die langjährige Wetterstatistik pro Jahr.

93
Minuten verbringt der Athener durchschnittlich bei einem Getränk im Café.

202
Nationen nahmen an den Olympischen Sommerspielen 2004 teil.

1413
Meter hoch ist der höchste Berg am Rande Athens.

1806
Kilometer Luftlinie liegen zwischen Athen und Berlin.

1896 UND 2004
fanden Olympische Spiele in Athen statt.

1925
wurde Athens erste Metro-Linie eröffnet.

1985
wurde Athen Europas erste Kulturhauptstadt.

3800
Jahre sind seit der Erstbebauung der Akropolis vergangen.

665 000
Einwohner zählt die Stadtgemeinde Athen.

5 000 000
Menschen leben im Großraum Athen.

21 740 000
Passagiere vermeldete der Athener Flughafen im Jahr 2017.

1234567890
ist das meistgebrauchte Passwort für den WLAN-Zugang.

A' ist eine Ordnungszahl und entspricht unserem 1., B' ist also 2.

Was ist wo?

Fast alles, was Sie in Athen sehen sollten, liegt rund um die Akropolis und kann bequem zu Fuß erreicht werden. Der antike Götterfels ist meistens in Sicht, das macht ein Verlaufen fast unmöglich. Jedes Viertel offenbart schnell seinen eigenen, ganz individuellen Charakter, aber gastlich sind alle. Die einen eher am Tage, die anderen bis spät in die Nacht.

Überblick

Groß-Athen ist ein Moloch mit etwa 5 Mio. Einwohnern, der sich von der Küste des Saronischen Golfes bis zu den Athen umgebenden Bergen erstreckt. Er zieht sich deren Hänge hinauf und setzt sich sogar auf deren Rückseite noch fort. Insgesamt besteht dieses Groß-Athen aus 35 selbstständigen Stadtgemeinden mit jeweils eigenem Bürgermeister und eigener Verwaltung. Touristisch interessant sind die eigentliche Stadtgemeinde Athen mit nur 664 000 Einwohnern und deren Hafenstadt Piräus. Diese historische Stadt Athen erstreckt sich rund um den Akropolis-Felsen und reicht bis zum markanten, von einer weißen Kapelle gekrönten Fels Lykavittós. Von beiden aus überblickt man ganz Groß-Athen und schaut bei klarer Sicht sogar bis zu den Inseln im Saronischen Golf hinüber. Das eigentliche Athen gliedert sich in mehrere Stadtteile, von denen nur die im Zentrum interessant sind, man braucht nicht einmal Busse oder Metro, um überall hinzukommen. Nur Piräus, von den Griechen Pireás oder Piréfs genannt, steuert man besser mit öffentlichen Verkehrsmitteln an.

Romantische Altstadt

Das große Altstadtviertel **Pláka** (📖 D 6) am Nordhang der Akropolis ist Athens Touristenzentrum. Zwischen den Überresten der Antike und restaurierten Bürgerhäusern aus dem 19. Jh. bieten zahllose Souvenirgeschäfte, Tavernen, Musiklokale und Straßencafés Gelegenheit, Geld los zu werden. Es gibt aber auch stillere Gassen ohne Kommerz. Die Pláka ist weitgehend autofrei, zum Flanieren ideal.
Das winzige Areal am oberen Rand der Pláka ist ihr idyllischster Teil. In **Anafiótika** (📖 C 7) wohnen noch immer einfache Leute in winzigen Häusern an extrem schmalen, stufenreichen Gassen. Katzen streichen umher, kein Souvenirgeschäft und keine Taverne stört den Anblick. Benannt ist Anafiótika nach der kleinen Kykladeninsel Anáfi. Von dort und von der Insel Náxos stammten die Vorfahren der heutigen Bewohner, die sich hier Mitte des 19. Jh. niederließen.

Das klassizistische Zentrum

Das ›Handelsdreieck‹ zwischen Monastiráki, Omónia- und Syntágma-Platz ist das Haupteinkaufsviertel der Athener. In **Emborikó Trígono** (📖 C 4–5) stehen die Markthallen, und hier wird in unzähligen kleinen Läden alles angeboten, was man zum Leben braucht. Zahlreiche Fußgängergassen machen den Einkaufsbummel angenehm.
In **Kolonáki** (📖 F 5), zwischen Syntágma-Platz und Lykavittós, konzentrieren sich Athens teuerste Boutiquen, Designerläden und Juweliere; dazu passend haben sich auch einige besonders teure Cafés und Restaurants angesiedelt.
In **Exárchia** (📖 E 3), dem Viertel zwischen der Polytechnischen Hochschule und dem Lykavittós-Hügel leben vor allem Studenten und die Athener Bohème. Hier ist Athens alternative Szene zu Hause, sie trifft sich hier in Cafés und Music-Clubs.

Was ist wo?

Auch viele Buchhandlungen sind hier angesiedelt.

Die Nightlife-Viertel

Das zwischen Akropolis und ehemaligem Gaswerk gelegene **Thisío** (A 5), das wie Thissío gesprochen wird, hat sich in den letzten Jahren zum Jugendtreff entwickelt. Kultur und Kulinaria gehen eine gute Mischung ein, auch Grün ist zu finden.

In **Gázi** (westl. A 5/6), auf dem Gelände der ehemaligen Gaswerke Athens und in deren unmittelbarer Umgebung ist das jüngste Nightlife-Zentrum der Stadt entstanden. Auf die Nightlifer warten zwischen Bars, Cafés und Discos abends auch Kulturzentren und Galerien, die zumeist jüngeren Kreativen und alternativen Themen Raum gewähren.

Flohmarkt und junge Leute

Zwischen den Metrostationen Monastiráki und Thisío liegt Athens Flohmarktviertel **Monastiráki** (B 5). Hier findet man Trödel und Antiquitäten, aber auch billige Schuhe und Textilien, Gyros-Buden und zahllose Straßenhändler.

Kleine Werkstätten und Läden prägen tagsüber das alte, vor etwa zehn Jahren noch stark heruntergekommene **Psirrí** (B 5). Inzwischen ist das Viertel *en vogue*, Straßen und Häuser wurden umgestaltet, nachts tobt das junge Leben intensiver als irgendwo sonst in der Innenstadt.

Der Athener Hafen

Piräus (Karte 2), griechisch **Pireás**, ist eine selbstständige Stadt – die drittgrößte in Griechenland. Sie ist überwiegend auf einer Halbinsel erbaut, die an ihren beiden Längsseiten von mehreren Häfen flankiert wird. Im Kántharos-Hafen, dem Central Port, machen Fähren und Kreuzfahrtschiffe fest. Der Frachtverkehr wird über einen neuen Hafen Richtung Elefsína abgewickelt. Auf der Südseite der Halbinsel liegen Hunderte von Yachten in kleinen Häfen. Am schönsten ist Pireás entlang der Küstenstraße Aktí Themistokléous.

Augenblicke

Cafés mit Kultur

Kultur und Kaffee gehören in Athen zusammen. So wie hier im Innenhof des Archäologischen Nationalmuseums können Sie auch in den Cafeterias, Cafés und Restaurants vieler anderer Museen relaxen – mal auf dem Dach, mal im Garten. Zudem gleichen auch viele Cafés und Bars außerhalb kultureller Institutionen inspirierenden Galerien, bieten Künstlern viel Raum zur Präsentation und ihren Gästen ein anregendes Ambiente für gute Gespräche oder Dialoge mit Büchern.

Unterwegs, aber nie allein

Menschliche Wärme vermissen viele Athener am meisten, wenn sie länger im Ausland sind. Auch moderne Bars strahlen sie aus. ›Einsamkeit‹ ist neben ›Liebe‹ die häufigste Vokabel in griechischen Songs. Keiner geht hier allein aus. Man verabredet und trifft sich: Vor dem Bildschirm, beim Brettspiel oder zum Klönschnack. Und auch die BartenderInnen geben sich menschlich. Ein Campari Soda mit nur 4 cl Rotanteil ist hier schlicht unvorstellbar, ohne dass der Preis höher wäre als bei uns.

Köche mit Engagement

Leidenschaft ist eine Grundeigenschaft vieler junger Athener Köche – auch wenn sie wie die meisten von ihnen Autodidakten sind. Omas Rezepte, eigene Kreativität und viel frisches Gemüse aus der Region helfen ihnen bei der Arbeit. Da finden sich auch Vegetarier schnell im grünen Himmel wieder. Und die griechische Sitte, alle bestellten Gerichte in die Tischmitte stellen zu lassen und untereinander zu teilen, macht einen breitgefächerten Streifzug durch Karte oder Kreidetafel besonders leicht.

Ihr Athen-Kompass

#2
Rein ins Getümmel – **ins Herz der Pláka**

#3
Eine Insel in der Großstadt – **nach Anafiótika**

TRUBEL & ROMANTIK

Stimmungsvolle Katzengassen

#1
Immer wieder im Brennpunkt – **der Syntágma-Platz**

VOLK TRIFFT AUF REGIERUNG

WOMIT FANGE ICH AN?

WO IST HIER DIE HAFENROMANTIK?

#15
Kleine Schiffe, große Schiffe – **Piräus**

HIER GEHT ES HOCH HINAUS

Die Welt der Ikonen

#14
Alles Top! – **Kolonáki und Lykavittós**

KUNST vor 4000 Jahren

#13
Der Heilige mit dem Hundekopf – **Byzantinisches Museum**

#12
Der Weg zum Ich – **Archäologisches Nationalmuseum**

15 Wege zum direkten Eintauchen in die Stadt

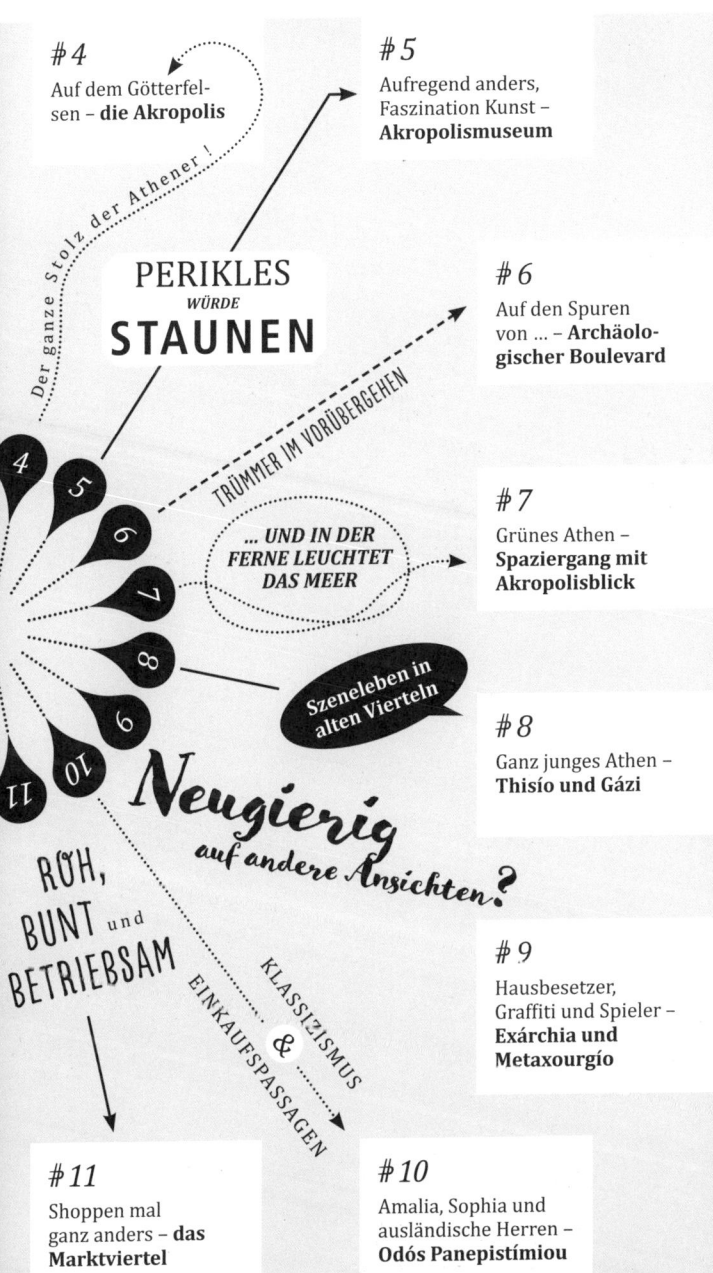

Immer wieder im Brennpunkt – **der Syntágma-Platz**

Athens ›Verfassungsplatz‹ ist der in Tagesschau & Co meistgezeigte Ort Athens. Hier nämlich enden alle Demonstrationen, hier spielen sich gelegentlich auch tumultartige Szenen ab. Wer publikumswirksame Bilder braucht, dreht hier. Das schon 200 m weiter ganz normale Ruhe herrscht, ist ja keine Nachricht wert.

Viele Griechen protestieren auch weiterhin auf Demos gegen Lohn- und Rentenkürzungen, Ausverkauf von Staatseigentum und Bevormundung durch EU und IWF – obwohl sie wissen, dass es wenig bringt. Stillhalten bringt noch weniger …

Alle Demonstrationen haben das **Parlamentsgebäude** 1 an der Ostseite des Platzes zum Ziel. Da müssen die Parlamentarier seit 2011 die Interessen der internationalen Geldgeber gegen den Willen des Volkes, das sie vertreten, durchsetzen. Das 300-sitzige Parlament residiert recht edel im ehemaligen Königspalast. Der wurde 1842 für

Syntágma-Platz #1

den ersten neugriechischen König, den aus Bayern stammenden Wittelsbacher Otto I. (Othónos A') erbaut. Auch er sah sich schon mit dem Willen des Volkes konfrontiert. 1844 rang es ihm eine erste Verfassung ab. Nach ihr ist die Platía Syntágmatos, der Syntágma-Platz, benannt. Anders als in den meisten griechischen Städten ist dieser Hauptplatz kein geselliger Ort voller Cafés und Tavernen und auch kein angenehmer Ort zum Ausruhen, sondern ein Durchgangsort, über den die Menschen aus Metro und Bussen in die Büros, Geschäfte und die Pláka strömen.

Männer in Röcken

Unterhalb des Parlamentsgebäudes stehen die Evzonen rund um die Uhr Wache am **Grabmal des Unbekannten Soldaten** 2, das ästhetisch recht gelungen und kaum schwülstig ist. Sie sind Angehörige eines Ehrenregiments, die noch die traditionelle Uniform des 19. Jh. mit kurzem, weißem Faltenrock, einem bestickten Wams, einer Schürze aus Seidenstreifen und Schnabelschuhe tragen. Sie werden zu jeder vollen Stunde abgelöst. Dieser Wachwechsel ist mit einer zackigen Zeremonie verbunden, die sich gut filmen lässt. Besonders aufwendig wird der Wachwechsel an jedem Sonntagmorgen um 11 Uhr vollzogen, wenn die gesamte Evzonen-Kompanie aufmarschiert.

Luxus pur mit Ausblick

Die Nordseite des Platzes säumen drei Hotels, eins modern, zwei klassisch. Luxus pur inklusive Präsidentensuiten bieten das **King George II** 3 in einem Stadtpalais aus dem 19. Jh. und das **Grande Bretagne** 4, das 1862 als Gästehaus des Königs errichtet wurde. Schon 1872 öffnete es seine Pforten als Hotel für jeden gut Betuchten. Während der großdeutschen Besatzung 1941–1944 nutzte es die Reichswehr als Hauptquartier. Nach dem Sturz der griechischen Militärjunta 1974 diente seine oberste Etage einige Monate lang als Sitz der demokratischen Übergangsregierung unter Kóstas Karamanlís.

Süd- und Westseite des Platzes werden von vielgeschossig-nichtssagenden Bürohäusern dominiert. Einzige historische Reminiszenz ist der Bau des französischstämmigen Elektronik-Kaufhauses **Public Multi Stores** in einem gepflegten

ÜBRIGENS

Wenn auf dem Syntágma-Platz Demos stattfinden, bleiben Sie denen besser fern. Nett ist es aber, die Vorbereitungen zu verfolgen. Ein wenig Polizei wartet an allen Zufahrtsstraßen, manchmal Tavli spielend, in den Mannschaftsbussen – und im Zentrum der Platía bauen ambulante Grillmeister zwei Reihen von Ständen auf. Da gibt es schon lange vor Demonstrationsbeginn gegrillte kleine Fleischspieße und Landwurst am Spieß sowie sehr appetitlich aussehende Salate zu echten Arbeitskampfpreisen. Fahnenverkäufer fehlen natürlich auch nicht.

Wachablöse jede volle Stunde ✓

Pappás – so nennt man den Priester in Griechenland. Er sorgt sich um alle und ist immer nett – auch wenn er gerade zu einem wichtigen Termin unterwegs ist.

#1 **Syntágma-Platz**

Kunst in der U-Bahn? Okay, das gibt's auch in Paris oder Berlin. Aber Athen hat die kunstvollsten Metrostationen! Und das nicht nur im Stadtzentrum.

Schauen Sie mal ins **Postamt** an der Ecke der Odós Mitropóleos. Da finden nicht nur Philatelisten eine kleine Auswahl netter Souvenirs.

Stadtpalais aus dem 19. Jh. Von seinem Café-Restaurant auf dem Dach aus genießen Sie einen guten Überblick über den Platz und an manchen Tagen auch auf die Vorbereitungen für Demonstrationen.

Unter dem Pflaster ... die Antike

Im Schnitt 2500 Jahre älter sind die antiken Objekte, die auf der Eingangsebene der marmorglänzenden **Metrostation Syntágma** 5 ausgestellt sind. Eine Wand ziert ein langer, mehrere Meter hoher Schnitt durch das Erdreich samt einigen historischen Fundobjekten, wie sie die Archäologen während der Bauarbeiten an der Station vorfanden. In mehreren Vitrinen sind Keramikgefäße und andere Kunstgegenstände zu sehen, die im Bereich des Untergrundbahnhofs freigelegt wurden.

INFOS & ÖFFNUNGSZEITEN
Parlament 1: www.hellenic parliment.gr (auch in Engl.)

Public Multi Stores 🛈: Odós Karagiórgi Servías 1, T 210 818 13 33, Mo–Fr 9–21, Sa 9–20 Uhr

KULINARISCHES FÜR ZWISCHENDRIN
In der Nordostecke des Platzes liegt die recht teure Konditorei **Ethnikón** 1 (T 210 331 05 76, tgl. ab 9 Uhr), die auch während Demonstrationen geöffnet bleibt. Den totalen Überblick verschafft das preisgünstigere **Public Café** 2 (T 210 323 91 01, tgl. 9–24 Uhr) auf dem Dach von Public Multi Stores.

Cityplan: D–E 5–6 | **Metro** Linie 2 und 3, **Tram** T4 und T5, **Airport-Bus** X9

Rein ins Getümmel –
ins Herz der Pláka

Jeder Tourist besucht die Pláka, die Altstadt Athens. Da fragen Sie sich vielleicht: Muss auch ich mir das antun? Sie müssen! Denn hier ist Athen tatsächlich am schönsten. Und zwischen nummerierten Kreuzfahrttouristen sind durchaus auch noch viele Athener und andere Griechen zu sehen.

2

Die Pláka ist der einzige Stadtteil Athens, der seit über 3000 Jahren durchgehend bewohnt ist. Selbst während der osmanischen Zeit, in der Athen nur ein Dorf war, standen hier Häuser, Kirchen und Moscheen. Nach der Wiedergeburt Griechenlands im 19. Jh. bauten hier Arbeiter ihre Hütten, Wohlhabende ihre klassizistischen Villen. Im 20. Jh. ist dann kaum Neues hinzugekommen: Die Archäologen hätten die meisten Baugruben gleich in Staatseigentum überführt. So blieb hier viel historischer Charme erhalten, durchsetzt mit

In der Pláka ist es voll. Immer. Und man hört mehr Englisch als Griechisch. Das macht aber nichts, weil hier alle entspannt und fröhlich sind.

#2 **Pláka**

antiken Monumenten und gespickt mit zeitgenössischen Konsumtempelchen nicht nur für den touristischen Bedarf.

Hollywood plus Akropolis

Als autofreie Hauptachsen durchziehen die Kydathinéon und die Adrianoú das Viertel unterm Nordhang der Akropolis. Sie beginnen Ihren Rundgang am besten am oberen Ende der Odós Kydathinéon, die Sie vom Syntágma-Platz aus leicht erreichen, wenn Sie der breiten Odós Filéllinon folgen. In der Kydathinéon liegt rechter Hand bald die kleine Kirche **Metamórfosi Sotirós** [1], geweiht der Verklärung des Erlösers.

Auf der Kydathinéon passieren Sie dann die sehr touristisch anmutende **Platía Eterías,** wo Sie garantiert ein Kellner der guten Taverne Vizantíno auf die Speisekarte des Lokals aufmerksam machen wird. Überlassen Sie anderen die freien Plätze. Schon ein paar Schritte weiter liegt rechts das **Cine Paris** [2], eins der ältesten und renommiertesten der vielen tagsüber Sommerkinos der Stadt. Der dazugehörige Laden mit Repliken alter Filmplakate ist auch tagsüber geöffnet. Das Kino selbst liegt auf den Dächern des Hauses, ein Lift ist nicht vorhanden. Oben sitzt man entweder in Stuhlreihen mit einigen Tischchen dazwischen oder auf kleineren Terrassen mit Tisch und Stühlen. An der Bar gibt es Getränke aller Art und außer stets frischem Popcorn auch Hot Dogs, Pizzaecken und loses Eis. Und sollte der Film nicht allzu spannend sein, schaut man öfters einmal nach links: Da ragt die Akropolis über den Dächern der Pláka auf!

(Laden hatte geschlossen)

In Athen werden viele Postkarten mit Motiven auch aus ganz anderen Landesteilen verkauft – Santorin und Meteóra vor allem.

ÜBRIGENS

Sie können auch mit dem Zug durch die Altstadtgassen fahren. Der **Tronáki** sieht aus wie eine kleine Dampfeisenbahn, fährt aber mit Benzin auf Gummirädern. Die Fahrgäste sitzen in drei offenen Waggons und kreuzen etwa 50 Minuten ohne fahrplanmäßigen Halt durch die Pláka. Abfahrt ist an der Platía Agorás, tgl. 9.30–23 Uhr, Erwachsene zahlen 5 €, Kinder und Senioren 3 €, www.athenshappytrain.com.

Volle Fässer, gute Gespräche

Auf der linken Seite folgt nun die wohl am meisten fotografierte Bar Athens, das **Bréttos** [2] (gespr. Vréttos). Hier wird der Wandel, der sich in der Pláka in den letzten 40 Jahren vollzogen hat, besonders deutlich. An einer Wand sind viele Fässer aufgetürmt, an zwei anderen reihen sich in Regalen Likörflaschen mit vielfarbigem Inhalt. Ursprünglich war das Bréttos nur Wein- und Spirituosenhandlung mit eigener Destillerie. Die Bewohner der Pláka kamen hierher und ließen sich ihren alkoholischen Flüssigkeitsbedarf für die Woche in große mitgebrachte Flaschen füllen. In den 1980er-Jahren wurde ein langer

Pláka #2

Tisch aufgestellt, an dem man sich auch für einen Plausch und ein Gläschen im Vorübergehen niederlassen konnte. Erst in unserem Jahrzehnt ließen neue Eigentümer eine Klimaanlage einbauen, änderten die Musikfarbe und stellten zunehmend mehr Barhocker vor und hinterm Verkaufstresen auf. Sie bewahrten das Bréttos

19.08. Sehr netter Bar-keeper. Guter Wein Geschenke!! Tip

INFOS & ÖFFNUNGSZEITEN
Benizélos Mansion ❷: Odós Adrianoú 96, Pláka, T 210 324 88 61, www.archontiko-mpenizelon.gr, Di, Do 10–13, So 11–16 Uhr, Eintritt frei
Cine Paris ✱: Odós Adrianoú 22, Vorstellungen 21 und 23 Uhr, Tickets 8 € (Di/Mi 6 €)
Bréttos ✱: Odós Kydathinéon 41, T 210 323 21 10, tgl. 10–3 Uhr
Dimítris Kouteliéris ❶ und die anderen Geschäfte meist tgl. ca. 10–24 Uhr
Athens Doctor Fish – Foot Therapy & Day Spa ❶: Odós Adrianoú/Ecke Odós Vláchou Angélou, tgl. 9–23 Uhr

KULINARISCHES FÜR ZWISCHENDRIN
An der Einmündung der Odós Kydathinéon in die Odós Adrianoú hat die **Grillstube Kosmikón** ❶ (tgl. ab 10 Uhr) Tische und Stühle in die Fußgängerzone gestellt. Hier sitzen Sie wunderbar mitten im Geschehen bei einem Teller Gyros (9 €) und einem Glas kühlen Retsina.
Moderne griechische Küche kredenzt das schicke **Ydría** ❷ (Odós Adrianoú 68/Platía Agorás, T 210 325 16 19, www.ydria.gr, tgl. 8–1 Uhr). Es werden übrigens fast ausschließlich regionale Zutaten verarbeitet.

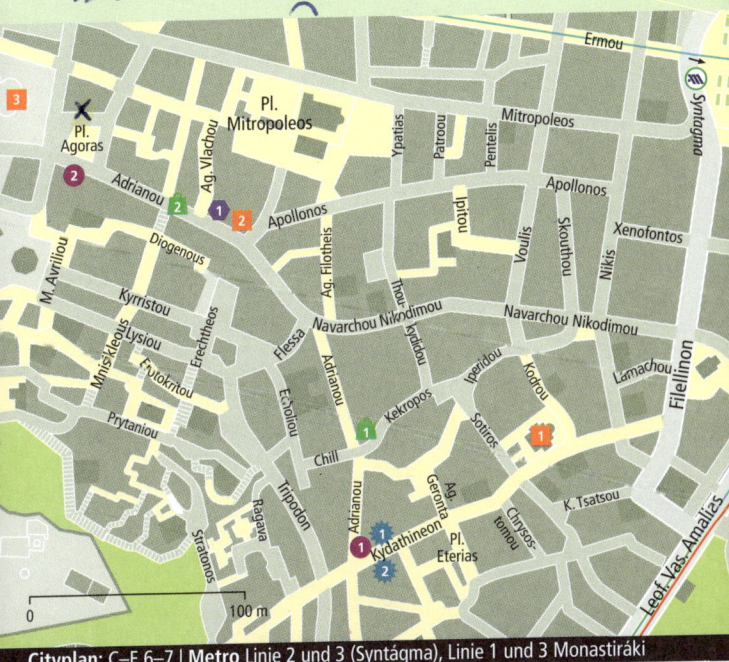

Cityplan: C–E 6–7 | **Metro** Linie 2 und 3 (Syntágma), Linie 1 und 3 Monastiráki

Auntie's Home Kodagniani 8

#2 Pláka

Espresso oder Frappé? Die meisten Griechen bestellen lieber den kalten aufgeschüttelten Neskaffee mit Eis. Das erfrischt und kühlt.

Freddo!

durch diese Veränderungen davor, zum Allerwelts-Souvenirladen zu werden und haben ein Stück altes Athen trotz Anpassungen an den Zeitgeschmack erhalten.

Schnäppchenjäger aufgepasst!

Kurz hinterm Bréttos mündet die Kydathinéon in die Odós Adrianoú, der Sie nun nach rechts folgen sollten. Nun befinden Sie sich auf der touristischen Einkaufsmeile der Stadt. Zwischen all die Läden, die die fernöstliche, nordafrikanische und sogar türkische Wirtschaft durch ihre Billigsouvenirs fördern, zwängen sich inzwischen immer mehr Geschäfte, die auf traditionell oder kreativ Griechisches setzen. Sie verkaufen Ouzo und Liköre verschiedenster hellenischer Provenienz, Nüsse und Honig, Naturkosmetika oder Komboloia, die orthodoxe Variante von Rosenkranz und islamischer Gebetskette. Gleich in der ersten kleinen Gasse, die nach rechts abgeht (Odós Kékropos), kreiert **Dimítris Kouteliéris** vor allem für seine Stammkundschaft Möbel und Wohn-Accessoires aus altem Schiffsholz, das er auf alten Bootswerften und an Stränden sammelt.

ÜBRIGENS

Auch Modedesigner finden zunehmend ihren Weg in die **Odós Adrianoú** und eröffnen hier kleine Filialen. **Haris Cotton** (Nr. 111) und **Ioánna Kourbéla** (Nr. 109) gehören zu den Newcomern. Ausschließlich Damenmode griechischer Designer zu erschwinglichen Preisen bietet auf zwei Etagen **La Stampa** (Nr. 57, www.la-stampa.gr).

gesehen

Früher Wohnaus, heute Museum

Einige Schritte weiter folgt auf der Adrianoú rechter Hand das **Benizélos Mansion**, laut Untertitel ›The oldest house in Athens‹. Das stimmt sogar: Athens ältestes Wohnhaus, heute ein Museum, stammt aus dem frühen 18. Jh. und gehörte einer reichen christlichen Kaufmannsfamilie. Im Innenhof sitzt man schön beim Kaffee aus der Museums-Cafeteria.

Geht auch: Abspannen und relaxen

Wenn Sie nicht nur nehmen, sondern auch geben wollen, ergibt sich kurz vor der Einmündung der Odós Adrianoú in die Platía Agorás für Sie die Gelegenheit dazu: Im **Fish Spa** warten kleine Fische darauf, an Ihren Füßen oder Händen knabbern zu dürfen. Wenn sich auch bei Ihnen danach der Appetit regt, sitzen Sie in den Café-Restaurants auf der kleinen, grünen Platía sehr angenehm mit Blick auf die Rückseite der antiken **Hadriansbibliothek** aus der Zeit um 130 n. Chr.

Eine Insel in der Großstadt – **nach Anafiótika**

Es gibt auch stille Ecken in der Pláka und Gassen, in denen Sie wahrscheinlich mehr Katzen als Menschen begegnen. Das straßenlose Viertel Anafiótika ist mit seinen winzigen Häusern und extrem schmalen Stufengassen im Inselstil des 19. Jh. das schönste dieser ruhigen Ziele. Der interessante Weg dorthin führt durch autofreie Nebenstraßen.

Der erste Teil des Spaziergangs führt durch die ›Straße der Dreifüße‹, die Odós Tripodón. Wenn Sie wissen wollen, warum sie so heißt, wenden Sie sich an der Kreuzung der Odós Kydathinéon mit der Odós Adrianoú zunächst einmal nach links in die Odós Adrianoú. Nach etwa 150 m erreichen Sie einen kleinen Platz. Da steht als tempelartiger

Tagsüber ist Anafiótika wie ausgestorben, aber nach Sonnenuntergang kommen die Nachtschwärmer in die Kneipen an der Odós Mnisikléous. Man mag das Nostalgie nennen, doch zieht es die Leute an einen Ort in Athen, an dem sie mit anderen reden können.

Mit Ouzo & griechischem Salat & mit Giorgos :)

hier ggü. gesessen auf „Balkon" 19.08.

#3 Anafiótika

Ánikʼ to parathíri sou, ksanthé vassiliké mou, ke me glikó chamógelo, mía kaliníchta pes mou – Öffne dein Fenster, meine blonde Königin, und mit süßem Lächeln, wünsch' mir eine gute Nacht.
Giorgios Dalaras

kleiner Rundbau aus dem Jahr 334 v. Chr. das marmorne **Denkmal des Lysikrates** 1. Das Dach krönt ein dreirankiges Gebilde, auf dem einst ein Dreifuß stand. Solche Dreifüße waren der Preis für den Choregen, also den Produzenten und Sponsor des Theaterstücks, das bei den jährlichen Athener Theaterwettbewerben den Sieg errang. »Du lebst, solange man sich deiner erinnert« war ein Glaubensgrundsatz der Antike – darum waren den Menschen für die Ewigkeit gebaute Denkmäler wichtiger als ein momentaner Geldregen. Unter der Odós Tripodón fanden die Archäologen Fundamente mehrerer anderer Choregen-Denkmäler, daher ihr Name.

Wo die Musik spielt

Nun geht es zur Kreuzung Kydathinéon/Adrianoú zurück und in die Odós Tripodón hinein. Dort wo die Odós Tripodón die Odós Epichármou kreuzt, liegen einige Lokale, die Sie sich vielleicht für den Abend vormerken sollten. Das Café **Melína** 1 in der Odós Lysíou ist ganz dem Andenken der griechischen Schauspielerin, Sängerin und Politikerin Melína Mercoúri gewidmet und spielt auch hauptsächlich ihre Songs.

Ein paar Schritte weiter erreichen Sie die Treppengasse Odós Mnisikléous. Sie wird von Musiklokalen flankiert, in denen jeden Abend griechische Musik live gespielt wird. Die Gäste sind zwar überwiegend Touristen, aber darunter sind auch viele Griechen aus der Provinz, griechische Zyprioten und tanzfreudige Israelis. So kann man dort sehr fröhliche, typisch griechische Abende erleben. Man muss ja nicht unbedingt mittanzen, wenn man's nicht kann.

Nein, dieser Blick: traumhaft!

Am oberen Ende der Treppengasse wenden Sie sich nach Passieren des Musiklokals Síssifos nach rechts, folgen dem leichten Straßenschwung nach rechts oben und biegen dann nach etwa 80 m links auf einen ansteigenden Fußweg ab. Er führt Sie am geschlossenen Kirchlein **Ágios Simeónos** 2 aus dem 13./14. Jh. vorbei zu einem herrlichen **Aussichtspunkt** 3 fernab jeden Trubels. Da hätte ich gern ein Häuschen! Hinter Ihnen ragt der Akropolisfelsen senkrecht in den Himmel, vorne liegt der von einem weißen Ka-

ÜBRIGENS

Aus meinem Traumhaus oberhalb von Anafiótika wird wohl nichts. Seit den frühen 1990er-Jahren sind die Immobilienpreise in der Pláka explosionsartig um etwa 50 % gestiegen und gehören zu den höchsten im Großraum Athen. Daran hat auch die Krise nichts geändert, denn Reiche gibt es in Hellas immer noch mehr als genug.

pellchen gekrönte Fels des Lykavittós. Das Blickfeld reicht vom Tempel des Olympischen Zeus und dem Panathenäischen Stadion über das Parlamentsgebäude am Syntágma bis zur antiken Agorá. In der Oster- und Silvesternacht lässt sich von hier aus das Feuerwerk am besten beobachten – jederzeit sitzen Sie hier gut bei einem Fläschchen mitgebrachten griechischen Weins und ein paar Happen griechischen Käses.

Dorfgassen wie auf einer Insel

Vom Aussichtspunkt führt eine nicht einmal 1 m breite Gasse zwischen kleinen Wohnhäusern hinunter ins stimmungsvollste Viertel der Pláka, **Anafiótika** 4, wo es weder Tavernen noch Geschäfte gibt. Bauern und Steinmetze von der winzigen Kykladeninsel Anáfi nahe Santorin ließen sich hier um 1830 nieder und machten sich ein Gesetz zunutze, welches das Errichten von Häusern auch ohne Baugenehmigung gestattete, wenn es schon am ersten Bautag ein Dach erhielt. Entsprechend winzig sind die Domizile. Man lässt sie stehen, weil unter ihnen mit Sicherheit viel Antikes verborgen ist – Neubauten wären darum ohnehin nicht möglich.

Zählen Sie mal die Katzen von Anafiótika ... und schreiben Sie's mir. Mittags dösen sie hier den Schlaf des Gerechten, abends ziehen sie in die Pláka, um zu betteln. Katzen und Blumen, Blumen und Katzen – das Viertel wird wohl immer so tun, als sei es eine Insel direkt unterm Götterfelsen.

KULINARISCHES FÜR ZWISCHENDRIN
Fürs Picknick am **Aussichtspunkt** 3 sollten Sie vorab sorgen! Süße und knackige griechische Spezialitäten finden Sie in entsprechenden Geschäften in unmittelbarer Nähe des Ausgangspunkts der Tour. Wein können Sie im **Bréttos** 1 (Odós Kydathinéon 41, T 210 323 21 10, tgl. 10–3 Uhr) kaufen, wo man Ihnen die Flasche auch gern entkorkt.
Hübsch für eine Pause mit einem Frappé ist das Café **Melína** 1 (Odós Lysíou 22, T 210 324 65 01, tgl. ab 10 Uhr). Das **Scholarhío** 2 (Odós Trípodon 14, T 210 324 76 05, www.scholarhio.gr, tgl. ab 11 Uhr) ist ein Familienrestaurant mit traditioneller Küche. Auch Jamie Oliver war schon im **To Kafeneío** 3 (Odós Epichármou 1, T 210 324 69 16, www.tokafeneio.gr, tgl. 10–1 Uhr), einem traditionellen Kaffeehaus.

Cityplan: C–D 6–7 | **Metro** Linie 2 und 3 (Syntágma), Linie 1 und 3 Monastiráki

Auf dem Götterfelsen – **die Akropolis**

Einmal im Leben darf man auf der Akropolis gewesen sein – aber besser gleich morgens um acht. Nur dann sieht man dort mehr Säulen als Menschen. Der kurze Aufstieg auf den 156 m hohen Kalksteinfelsen ist mehr als nur das Abhaken eines Weltkulturerbes – die Akropolis steht für griechischen Großmachtstolz und Demokratie.

21.08. 08:30 Uhr

Die dunkle Seite der Macht ... Mit dem Propyläen-Tor der Akropolis feierte Athen seinen Sieg über die Perser. Und wollte zugleich alle anderen Griechenstädte einschüchtern.

Der monumentale Torbau der Propyläen bildet den Eingang zur Akropolis. Rechts versteckt sich der zierliche Nike-Tempel, links duckt sich das Erechtheion am Felsrand und geradeaus erhebt sich der ganze Stolz der Athener, der Parthenon-Tempel. Mehr gibt es nicht zu sehen.

Was man aber braucht, ist ein kurzer historischer Exkurs – muss mal sein! Die Perser hatten die heiligen Vorgängerbauten auf dem Fels 480

v. Chr. zerstört. Die Athener verfielen nicht in Schockstarre, sondern lockten die Perser ein Jahr später in der Seeschlacht von Sálamis in eine Falle und vertrieben sie aus Europa.

Zum ersten Mal in der Geschichte hatte ein demokratisch organisiertes Gemeinwesen über die Machtfülle eines Despoten gesiegt. Aber dann zwang Athen, siegestrunken, alle ionischen Griechenstädte in ein Bündnis (den Delischen Bund, eine Art Nato dieser Zeit), was die Stadt zur Großmacht werden ließ und enorme Gelder in ihre Kasse spülte. Die neue Supermacht ... davon sollten die Neubauten auf der Akropolis sichtbares Zeugnis ablegen.

Eine Großmacht setzt sich in Szene

Sie betreten die Akropolis wie einst die Menschen der Antike über eine breite Freitreppe mit einer Rampe in der Mitte für den Auftrieb von Opfertieren. Die Treppe endete im monumentalen Torbau der **Propyläen** 1. Er war in Hellas in seiner Größe beispiellos und sollte alle Besucher die neue Macht Athens deutlich spüren lassen.

Je sechs dorische Säulen bildeten vorn und hinten die Schaufront, innen stützten sechs ionische Säulen die marmorne Kassettendecke. Sie war fein bemalt, spannte sich wie ein himmlischer Baldachin über die Eintretenden. Die Wände der Seitentrakte waren mit Wandgemälden geschmückt, u. a. mit Szenen aus dem Trojanischen Krieg im 12. oder 13. Jh. v. Chr.

Siegesgöttin ohne Flügel

Den **Nike-Tempel** 2 am Felsabbruch südlich der Propyläen ließen die Athener 421 v. Chr. bauen – als Dank und Symbol für einen Friedensvertrag im Peloponnesischen Krieg, der sich später aber als trügerisch entpuppte. Am Ende des Krieges 404 v. Chr. hatte Athen seine Großmachtstellung verloren. Geweiht war der kleine Bau der Athena Nike, der Siegreichen Athene, nicht der geflügelten Siegesgöttin der Griechen, der Nike.

Der Tempel wurde bei den Kämpfen der Türken gegen die Venezianer völlig abgetragen und inzwischen dreimal aus den sukzessive wiedergefundenen Bausteinen komplett neu aufgebaut, was auch ohne Erwähnung im Guiness Book wohl einen archäologischen Rekord bedeutet.

Trojanischer Krieg ... ist das nicht ein Märchen, Legende? Der Krieg um Troja ist für die Griechen real und hatte für sie immer eine überragende Bedeutung, selbst noch 1921 beim Versuch, Konstantinopel zurückzuerobern. Der Sieg gegen Troja öffnete den frühen Griechen das Tor zu Kleinasien. Die trojanischen Szenen an den Propyläen waren also Programm: Das soll uns wieder gelingen! 130 Jahre mussten die Griechen warten, dann zog Alexander der Große gegen die Perser.

Der antike ›Reisejournalist‹ Pausanias beschreibt die Nike-Statue der Athener als ›flügellos‹ – im Gegensatz zu der berühmten Statue der Rhodier. Das sorgte dann für den bekannten Witz: Die Siegesgöttin Athens hat keine Flügel, damit sie den Athenern nicht wegfliegen kann.

#4 Akropolis

Herodeon seitlich Akropolis halbe Höhe Berg – toller Blick!

Cityplan: B–C 7 | Zur Akropolis gelangen Sie nur zu Fuß. **Metro**, nächste Stationen: Syntágma (Linie 2 und 3), Monastiráki (Linie 1 und 3), Akropoli (Linie 2)

INFOS/ÖFFNUNGSZEITEN

April–Okt. tgl. 8–20, Nov.–März tgl. 8–17 Uhr, geschl. am 1.1., 25.3., 1.5., Ostersonntag, 25./26.12., Eintritt 20 €

KOMBITICKET UND FREIER EINTRITT

Kombiticket: 30 €, https://etickets.tap.gr. Es ist fünf Tage lang gültig und berechtigt zum einmaligen Besuch der Akropolis sowie zum jeweils einmaligen Besuch sechs weiterer Ausgrabungsstätten und zweier Museen
Freier Eintritt: 6. März, 18. April, 18. Mai, 5. Juni und 28. Okt. sowie am letzten Wochenende im September und an jedem ersten Sonntag im Monat zwischen November und März. Ermäßigten Eintritt erhalten Kinder, Jugendliche und Studenten bis 26 Jahre sowie Senioren ab 65 Jahre aus EU-Staaten.

KULINARISCHES FÜR ZWISCHENDRIN

Auf dem Platz vor den Ticketschaltern bietet ein **Kiosk** ❶ Limonaden, Kaffee und frisch gepressten Orangensaft zu akzeptablen Preisen an. Die Mitnahme von Getränken (außer Wasser) auf die Akropolis ist untersagt!

Tempel der vielen Götter

Das **Erechtheion** ❸ wirkt kaum wie ein Tempel, eher wie ein kleiner Palast. Hier wurden 13 Götter und Heroen verehrt, darunter Zeus, Hermes, Hephaistos und Poseidon sowie Kekrops und Erechtheus, die mythischen Könige der Frühzeit. Im Hof stand ein Ölbaum, der als der Baum galt, den die Göttin Athena im Wettstreit mit Poseidon der Stadt zum Geschenk gemacht hatte. Auch die Salzquelle des Poseidon, die Erdspalte der heiligen Schlange der Athena und das Grab des Königs Kekrops sollen dort gelegen haben. Und hier wurde auch weiterhin die uralte hölzerne Kultstatue aus der Zeit vor den Perserkriegen verehrt.

Fotogenstes Bauelement des Erechtheion ist eine Vorhalle, deren Dach von den berühmten Koren getragen wird. Hier sehen Sie jedoch nur Kopien. Die Originale stehen in der ersten Eta-

Bis heute das Heiligtum ganz Griechenlands, der besterhaltene antike Tempel der Welt. Der Parthenon scheint perfekt zu schweben, eine nie wieder erreichte architektonische Meisterleistung!

ge des Akropolismuseums, zwei harren im Londoner British Museum ihrer von den Griechen geforderten Rückführung. Diese Figuren sind unterschiedlich gedeutet worden. Vermutlich stellen sie die *choephórai* dar, Priesterinnen zur Pflege der Gräber verdienter Heroen aus alter Zeit. Schließlich hatten die Athener hier eine Verehrungsstätte für ihre gesamte mythische Vorgeschichte geschaffen.

Architektur als optische Täuschung

Der prachtvollste Tempel auf der Akropolis ist der **Parthenon** 4. Extra für ihn ließen die Athener eine neue, 12 m hohe Statue der Stadtgöttin Athena anfertigen. Die uralte Statue im Erechtheion entsprach nicht dem neuen Großmachtgefühl. Gold und Elfenbein mussten es demonstrieren, und durch die Tribute aus dem Delischen Bund hatten die Athener auch genügend Geld.

Auch in der Architektur scheuten die Athener keine Kosten. Bisher dominierten waage- und senkrechte Linien die Tempelarchitektur. Das hatte wie bei Architekturfotos zur Folge, dass das Auge stürzende Linien wahrnahm. Beim Parthenon haben die Baumeister dieser optischen Täuschung so perfekt entgegengearbeitet, dass all seine Linien in der Waagerechten und Senkrechten für das menschliche Auge gerade wirken – weil sie in Wirklichkeit gekrümmt sind.

So ist der Unterbau zwischen den vier Ecken und den jeweiligen Mitten um 12 cm nach oben gewölbt. Die gleiche Krümmung weisen parallel dazu auch Dachgebälk und Giebel auf. Das können Sie am Verlauf der obersten Treppenstufe des Unterbaus bis heute leicht mit bloßem Auge erkennen. Wegen dieser Krümmung musste jeder einzelne Steinblock maßgenau für die ihm bestimmte Stelle gefertigt werden. Um die Unterschiedlichkeit der Steinblöcke fürs Auge nicht sichtbar werden zu lassen, waren die Stoßfugen zwischen ihnen dennoch genau waagerecht und senkrecht – auch das wieder millimetergenaue Feinarbeit.

Außerdem waren die Säulen um 7–10 cm nach innen, die Wände der Cella, also des ummauerten Innenraums des Tempels, teils nach innen, teils nach außen geneigt. Auch damit wurde bewirkt, dass der monumentale Tempel nicht steif und schematisch, sondern lebendig wirkte.

Nur noch Kopien: Fünf Originale der Koren des Erechtheios stehen im Akropolis-Museum, eine wird im British Museum in London ›festgehalten‹.

Auf die Liste der antiken Weltwunder hat es die Statue der Athena Parthenona, der jungfräulichen Göttin, nie geschafft. Wahrscheinlich, weil ihr Schöpfer Phidias schon mit seiner Zeusstatue darauf vertreten war. Bis auf die Hauptpartien aus Elfenbein bestand sie aus dünnen Goldplatten mit einem Gewicht von 1150 kg: Das wären umgerechnet 42 Mio. Euro nach heutigem Kurs, damals sicher der größte Teil des Athener Staatsschatzes. Um 330 wurde sie nach Konstantinopel entführt und das Gold dort irgendwann eingeschmolzen.

#4 Akropolis

Da geht's lang, da wollen alle hin. Es reicht aber, einfach dem Strom der Pilger zum Götterfelsen zu folgen.

Wie wird man ein Nationalheld? Im Zweiten Weltkrieg verunstalteten die deutschen Besatzer Athens die Akropolis durch eine monströse Hakenkreuzflagge, die auf der heutigen Aussichtsbastion im Nordosten des Felsplateaus gehisst war. In einer wagemutigen nächtlichen Aktion gelang es den beiden 18-jährigen Griechen Apóstolos Sántas und Manólis Glézos am 30. Mai 1941, die Flagge zu stehlen. Nach dem Krieg lebte Sántas (gest. 2011) als Linker bis 1962 im ausländischen Asyl. Glézos blieb politisch weit links aktiv und war 2014–2015 für das Linksbündnis Syriza sogar im Europäischen Parlament.

Ebenso lebendig und detailreich waren die beiden Friese, die den Tempel und die Cella unterhalb des Daches in voller Länge umzogen. Der äußere Fries zeigte auf 92 Bildfeldern mythologische Kampfszenen gegen Kentauren und Amazonen, der innere Fries auf 160 m Länge äußerst lebendige Szenen einer Prozession, die für damalige Betrachter wie ein Film gewirkt haben müssen. Diese Friese sind heute im obersten Geschoss des Akropolismuseums zu sehen.

Nur eine puristische Kopfgeburt?

Nicht alle Besucher und Wissenschaftler sind damit zufrieden, wie die Akropolis heute präsentiert wird. Für viele Griechen ist sie ein Nationalheiligtum, Identität stiftend und – gerade jetzt, in Zeiten vieler spöttischer Kommentare – immerwährende Größe des Hellenentums demonstrierend. Kritiker bemängeln, alles bei der gegenwärtigen Präsentation der archäologischen Stätte sei diesem Prinzip untergeordnet.

Denn eins steht fest: So wie heute sah die Akropolis nie aus. In der Antike standen auf den Flächen zwischen den Tempeln Hunderte von Statuen, herrschte auch in kleineren Heiligtümern emsiges Leben. Die frühen Christen verwandelten den Parthenon in eine Kirche, im Mittelalter waren die Tempel in ein ärmliches Dorf einbezogen: In Holzverschlägen gackerten Hühner, an Säulen wurden Maultiere angebunden, Kinder wurden gezeugt, Menschen arbeiteten, Alte starben. Und die Osmanen errichteten eine Moschee. Als sie vertrieben waren, planten deutsche Architekten gar noch, die antiken Tempel in einen neuen Königspalast einzubeziehen. Letztendlich haben sich die Puristen durchgesetzt. Sie ließen natürlich auch nicht zu, dass die antiken Bauwerke wieder grell wie in der Antike bemalt wurden. Der heute so gelobte strahlend weiße Marmor gefiel den alten Griechen nämlich gar nicht so sehr wie den heutigen Philhellenen.

→ **UM DIE ECKE**

Auch an den Hängen der Akropolis haben die Archäologen eifrig gegraben. Besucher gibt es dort kaum. Ein Spaziergang beginnt am **Diónysos-Theater** 5 (▶ S. 39) und führt über den Archäologischen Boulevard zur Agora.

Aufregend anders, Faszination Kunst – **Akropolismuseum**

5

Das Akropolismuseum ist einer der aufregendsten und faszinierendsten Museumsbauten des frühen 21. Jh. – ein Meisterwerk der Architektur, das den darin gezeigten Kunstschätzen ebenbürtig ist. Zwei Stunden sollten Sie sich dafür gönnen, Kaffeepause inklusive.

Schon auf dem Vorhof des **Akropolismuseum** 1 gestatten Panzerglasplatten den Blick hinunter auf die Ausgrabungen eines antiken Stadtbezirks, der beim Ausheben der Baugrube fürs Museum freigelegt wurde. Ihretwegen steht der gesamte Museumsbau auf Pfeilern. Das Prinzip wird auch auf der breiten, langen Rampe weiter verfolgt, die ins erste Obergeschoss führt. Sie soll das Gefühl vermitteln, auf den Götterfels hinaufzusteigen, der den Pilger am oberen Rampenende mit einem monumentalen archaischen Tempelgiebel empfängt.

20.08.20
The Poet Sandals
Did it !! :)
Made to measure
Shoes
Models: Cleopatra – the Best Seller

Wenn Perikles das hätte ahnen dürfen … Die geretteten Trümmer seiner Zeit präsentiert wie Schätze zwischen Glas und Stahl.

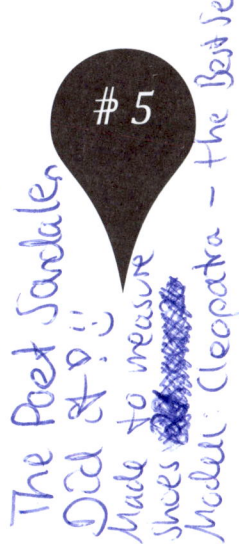

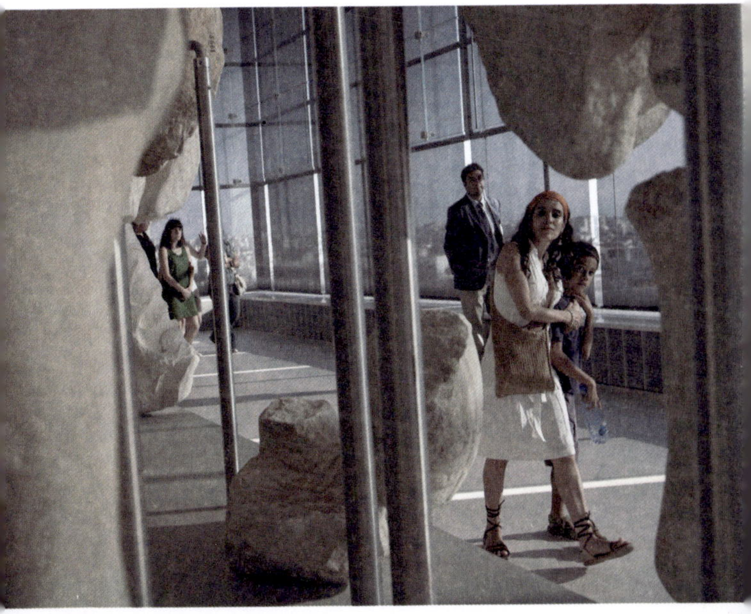

#5 Akropolismuseum

Ja, einfach mal genau hinschauen! Sollte die Kunst nicht immer das Ideal, die Perfektion anstreben? Ist die Realität nicht immer ein Scheitern am Ideal?

Die Sammlungen **im ersten Obergeschoss** sind fünffach gegliedert. Zunächst begegnen Sie Werken aus der Archaischen Epoche, also aus der Zeit vor der Zerstörung der alten Akropolis durch die Perser im Jahr 480 v. Chr. Danach geht es Bauwerk für Bauwerk weiter: zunächst zum Erechtheion, dann zu den Propyläen und zum Nike-Tempel. Am Schluss steht eine Sammlung weniger bedeutender Objekte aus den 1000 Jahren zwischen 500 v. Chr. und 500 n. Chr. Immer wieder verdeutlichen maßstabsgerechte Modelle der Bauten ihr einstiges Aussehen.

Im Säulenwald

Die ausgestellten archaischen Giebel sprechen für einen in Griechenland viel zu seltenen Mut der Archäologen: Um ihr einstiges Aussehen auch für den Laien verständlicher zu machen, hat man Teile der Bauglieder und manchmal sogar der Skulpturen ergänzt. Zugleich haben Sie vielleicht vor allem in der ersten Hälfte des Rundgangs durchs erste Obergeschoss das Gefühl, auf dem Tempelberg selbst zu sein. Die Skulpturen sind hier nicht wie so oft in Museen in Reih und Glied an den Wänden entlang aufgestellt, sondern stehen zumeist frei und von allen Seiten aus zugänglich im Raum zwischen einer Vielzahl hochglänzender Metallsäulen.

Frauen aus Stein

Am Ende des Säulenwalds stehen endlich einmal einige Sitzgelegenheiten. Danach geht es über eine kurze Rampe hinauf zu den Koren vom Erechtheion. Diese Frauenfiguren, auch Karyatiden (›Steinfrauen‹) genannt, trugen einst das Dach einer Vorhalle jenes Tempels, in dem der uralte Mythos der Stadt Athen zusammengefasst war. Aber warum Frauen statt Säulen? Neuere Forschungen deuten darauf hin, dass sie *choephórai* darstellen sollen, die Grabpflegerinnen des Totenkults für verdiente Heroen.

Die »Elgin Marbles« sind ein Dauerbrenner in der griechischen Presse. Die Griechen wollen sie zurück, das British Museum gibt sie nicht her. Die EU hält sich aus der Sache heraus, die Griechen mögen nicht klagen. Die Türken als legale Nachfolger der Osmanen hat noch niemand auf die Rückerstattung des damaligen Kaufpreises angesprochen.

Heute blicken die Koren hinüber zu jenem archaischen Giebel, der am Anfang des Gangs durchs erste Obergeschoss steht. Durch die unmittelbare Gegenüberstellung beider Werke – Koren hier und archaische Untiere und Helden dort – wird der Entwicklungssprung deutlich, den die Menschen und ihre Kunst in den Jahren um 500 v. Chr. gemacht haben: Durch den Sieg über

Akropolismuseum #5

ÖFFNUNGSZEITEN

Acropolis Museum 1: Odós Dionysíou Areopagítou 15, Tel. 210 900 09 00, www.theacropolismuseum.gr, April–Okt. Mo 8–16, Di–Do 8–20, Fr 8–22, Sa/So 8–20 Uhr, Nov.–März Mo–Do 9–17, Fr 9–22, Sa/So 9–20 Uhr, 1. Jan., Ostersonntag, 1. Mai, 25./26. Dez. geschl., Eintritt 5 €, frei am 6.3., 25.3. 18.5., 28.10., E-Tickets über die Website.

THE ARCHAEOLOGIST HOST

Zwischen 9 und 17 Uhr stehen in den Galerien Englisch sprechende Archäologen zur kostenlosen Beantwortung von Fragen bereit. Sie tragen rote oder weiße Ansteckschildchen. Außerdem werden kostenlose Kurzführungen auf Englisch durch Archäologen zu ausgewählten, täglich wechselnden Themenbereichen angeboten. Programm und Anmeldung an der Museumskasse.

KULINARISCHES FÜR ZWISCHENDRIN

Die **Cafeteria** 1 des Museums serviert u. a. das Lammgericht Zigoúri mit Lammfleisch aus dem westgriechischen Vónitsa, Frischkäse aus Kreta oder Kichererbsen aus Makedonien mit Räucherforelle aus dem Epirus. Exzellent: Das Mousse au Chocolat! Wer unabhängig von einem Museumsbesuch in die Cafeteria möchte, kann sich an der Gruppenkasse kostenlos ein nur für den Besuch der Cafeteria gültiges Ticket holen und sie mit einem Sonderfahrstuhl erreichen. Die Cafeteria ist zu den Museumsöffnungszeiten geöffnet, freitags darüber hinaus bis 24 Uhr. Die aktuelle Speisekarte mit Preisen finden Sie auf der Homepage des Museums!

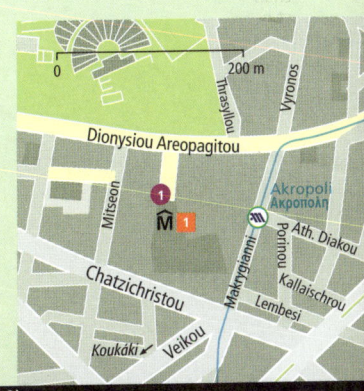

Cityplan: C–D 7–8 | **Metro** Akrópoli (Linie 2)

die Perser und die Entwicklung der demokratischen Staatsform haben sie sich von Urängsten vor der wilden Natur und dämonischen Kräften befreit, haben ihre eigene Kraft erkannt.

Pause gefällig?

Im Akropolismuseum ist die **Cafeteria** 1 Teil des Gesamtkonzepts. Von der weitläufigen Terrasse geht der Blick direkt auf die Akropolis und auf das grüne Athen vom Philopáppos-Hügel über den Lykavittós bis zum 1400 m hohen Ymittós. Die Platzdecken drinnen tragen als Zier den Grundriss des Parthenon-Tempels, der in die Cafeteria integrierte Buchladen hält geistige Nahrung bereit. Antike Küche steht zwar nicht auf dem Programm, dafür aber lädt Sie die Karte zu einem Streifzug durch ganz Hellas ein.

Wir laufen über Glas, um das Alte, das Wahre zu schützen – vor uns.

#5 Akropolismuseum

Antike in 3D – auf Glasböden geht man über die Relikte einer alten Zivilisation.

Mut wird belohnt

Eine Treppe führt hinauf ins **dritte Obergeschoss.** Jetzt führt kein Weg mehr an den Panzerglasscheiben vorbei. Wer weiter will, muss darüber – hoch über dem Erdgeschoss und den noch tieferen Grabungen. Dann informieren kurze Filme auf Griechisch mit englischen Untertiteln über das, was in dieser Etage zu sehen ist: die beiden Relieffriese, die den Parthenon unterhalb des Dachgebälks vollständig umliefen. Um sie zu präsentieren, wurden die entsprechenden Teile des Tempels in seiner Originallänge und -breite nachgebaut und schräg gegenüber dem eigentlichen Museumsbau, dafür aber parallel zum Parthenon oben auf der Akropolis, ausgerichtet. Die Originalteile, die heute im Besitz des Britischen Museums sind, und die wenigen Bruchstücke, die der Pariser Louvre besitzt, sind durch hellere Kopien ersetzt. Wo Lücken zu sehen sind, wurden die Originale bereits im Mittelalter oder im 17. Jh. bei der Explosion im Parthenon zerstört.

Die beiden Friese sind deutlich unterschiedlich. Der eine besteht aus 92 Reliefplatten (sog. Metopen), die ursprünglich durch je drei steinerne Stäbe (sog. Triglyphen) voneinander getrennt waren. Sie zeigten mythische Kämpfe, die den Sieg der Athener über die Perser widerspiegeln. Der andere Fries erzählt von einem großen Festzug zu Ehren der Göttin Athena, wie er im antiken Athen alle vier Jahre stattfand.

Das gesamte Obergeschoss ist vollständig verglast. So kann immer wieder von den Friesen hinauf zum Parthenon blicken, wo sie ursprünglich angebracht waren. Und zugleich erstrahlen sie in dem gleichen attischen Licht, in dem auch die Tempelgänger der Antike sie sahen.

NOCH WAS

Amüsante Details gibt es am Festzugsfries des Parthenon zu entdecken. Da sehen Sie z. B. auf der Nordseite die Szenen NII 3–6, in denen sich ein Stier weigert, den Weg zum Opferaltar weiterzugehen, oder in NVI 16–19 vier Jünglinge mit Wassergefäßen: Drei tragen sie brav auf der Schulter, ein vierter hat es gerade mal abgesetzt. Mehr Individualität und Menschlichkeit geht nicht – das ist wahrhaft klassische Kunst!

→ UM DIE ECKE

Wenn Sie das Museumsgelände verlassen haben, wenden Sie sich nach rechts und gleich wieder nach rechts. Dann die von Cafés einseitig gesäumte Odós Makrygiánni hinunter und an der nächsten Kreuzung mit der Odós Veikou nach halbrechts. So gelangen Sie nach 5–10 Minuten ins Stadtviertel **Koukáki,** das sich gerade zu einem kleinen Szeneviertel für Ausgehfreudige entwickelt.

Auf den Spuren von … – **Archäologischer Boulevard**

Auf der Odós Apostólou Pávlou gehen auch die Athener gern spazieren und genießen die Antike im Vorübergehen. Die frühere vierspurige Straße ist heute Fußgängern vorbehalten und dient auch Straßenkünstlern und -musikanten als Bühne. Dieser Archäologische Boulevard verbindet das Akropolismuseum mit dem Kerameikós, die Akropolis gerät dabei nie aus dem Blick. ▼

Gegenüber vom Akropolismuseum (▶ S. 35) liegt das **Diónysos-Theater** 1, das als Geburtsstätte des europäischen Theaters gilt. Hier wurden im 5. Jh. v. Chr. die Tragödien der großen Dramatiker Aischylos, Sophokles und Euripides sowie die Komödien des Aristophanes uraufgeführt. Die Kosten für die Inszenierung trug ein Sponsor, der Eintritt war frei. Auf der Bühne standen nur Männer,

Hier mal ein Konzert zu erleben, das wäre etwas! Das Theater des Herodes Atticus ist eine der berühmtesten Spielstätten der Welt.

#6 Archäologischer Boulevard

im Publikum saßen aber auch Frauen. Anfangs setzte man noch auf Holzbänke. Steinerne Sitzreihen erhielt das Theater erst 330 v. Chr. Dabei

ÖFFNUNGSZEITEN

Diónysos-Theater 1: April–Okt. 8–20 Uhr, Nov.–März tgl. 8–15 Uhr, Eintritt 6 €
Agorá 3 **und Museum of the Ancient Agora** 4: Odós Adrianoú 24, T 210 321 01 85, April–Okt. 8–20 Uhr, Nov.–März mind. tgl. 8–15 (Museum Mo erst ab 11) Uhr, Eintritt für Ausgrabungen und Museum 8 €
Kerameikós 5: Mai–Okt. 8–20 Uhr, Nov.–März tgl. 8–15 Uhr, Eintritt 8 €

KOMBITICKET

Ein **Kombiticket** für 30 € (Studenten/Senioren 15 €), das fünf Tage lang gültig ist, berechtigt außer zum Besuch der Akropolis auch zum Besuch des Diónysos-Theaters, der antiken Agorá und des Kerameikós samt deren Museen. Im Internet unter https://etickets.tap.gr.

KULINARISCHES FÜR ZWISCHENDRIN

Mein absoluter Favorit für eine Pause ist des grandiosen Ausblicks wegen das Dachgarten-Café **Thissio View** 1 (Odós Apostólou Pávlou 25, T 210 347 67 54, www.thissioview.gr, tgl. 8.30–1 Uhr). Zum Essen gehe ich jedoch lieber ins Café **Athinaíon Politía** 2 (Odós Akámantos 1/Ecke Odós Apóstolou Pávlou, tgl. ab 8 Uhr). Da gibt es auch selten offerierte griechische Leckereien wie spezielle Nudelgerichte oder griechische Käsesorten.

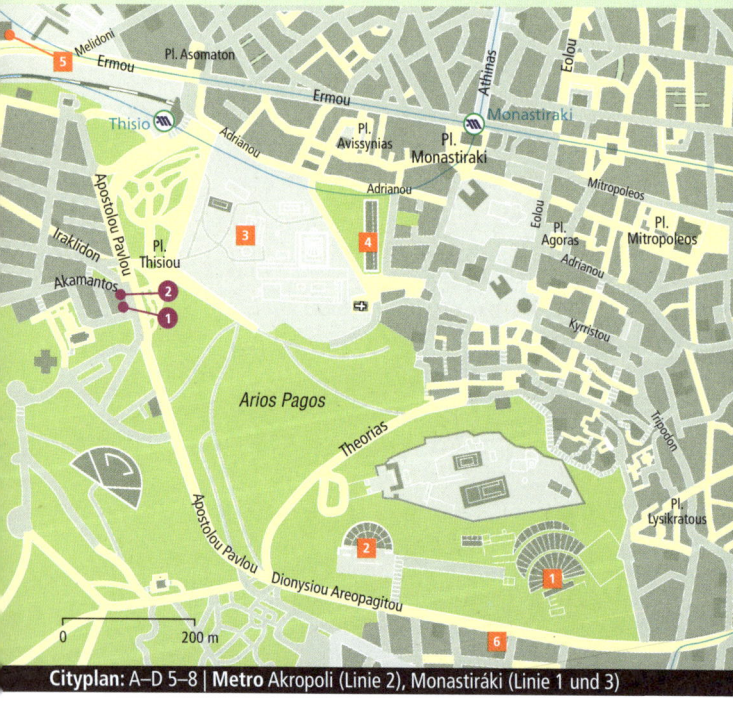

Cityplan: A–D 5–8 | **Metro** Akropoli (Linie 2), Monastiráki (Linie 1 und 3)

Archäologischer Boulevard #6

wurden auch die Marmorsitze mit Rückenlehnen aufgestellt – für die Honoratioren natürlich. Die Reliefs an der Vorderbühne, die u. a. die Geburt des Theatergottes Dionysos darstellen, entstanden zur Zeit Kaiser Neros.

Die schönsten Konzerte gibt es hier

Das von einem römischen Politiker mit griechischen Wurzeln im Jahr 161 gestiftete **Odeon des Herodes Atticus** 2 unterhalb der Akropolis ist mitsamt seinem 28 m hohen Bühnengebäude so gut erhalten, dass hier im Sommer Theatervorstellungen und Konzerte im Rahmen des Athener Festivals stattfinden. Auf den 32 Rängen haben 5000 Zuschauer dichtgedrängt Platz. Die oberen Ränge sind die besten Plätze: Da hat man nicht nur die Bühne vor Augen, sondern auch den Philopáppos-Hügel.

Eines der berühmtesten Konzerte im antiken Theater findet sich bei Youtube unter »Giorgios Dalaras live at Herodes Atticus«. Grandios! … der Vollmond, die Akropolis. Und bei »Mi mou thimónis« singen alle mit.

Ein Tempel, nie zerstört

Die **antike Agorá** 3 war vor 1800 bis 2500 Jahren nicht nur der größte Marktplatz Athens, sondern auch Standort öffentlicher Verwaltungsgebäude und verschiedener Heiligtümer. Heute dominieren zwei Gebäude den Anblick des parkartigen Geländes. Der eine Bau ist der auch ›Theseion‹ (Thisío) genannte **Hephaistos-Tempel** aus dem 5. Jh. v. Chr. Er ist der besterhaltene Tempel Griechenlands. Der Grund: Vom 7. Jh. bis 1834 diente er als Kirche, danach als erstes archäologisches Museum Athens. So entging er immer dem Abriss. Alle seine 34 dorischen Säulen stehen aufrecht. Sie tragen auch noch ein vollständig erhaltenes Gebälk und den größten Teil des Daches.

Damals Politikertreff, heute Museum

Der zweite bemerkenswerte Bau auf der Agorá ist die Stoa des Attalos, die amerikanische Archäologen 1955 rekonstruierten. Heute ist darin das **Agorá-Museum** 4 untergebracht. Die 116 m lange und 20 m breite zweigeschossige Säulenhalle war eine antike Shopping Mall. Sie beherbergte ursprünglich eine Ladenreihe, vor der man im Schatten des breiten Säulengangs philosophieren, diskutieren und Geschäfte vereinbaren konnte. Der Originalbau entstand um 150 v. Chr. und wurde 267 n. Chr. zerstört, als die germanischen Heruler Athen plünderten.

Was nicht alles so zu finden ist, wenn man in alten Trümmern gräbt … Das Agorá-Museum zeigt auch Gegenstände aus dem Alltagsleben. Da sind zwei kleine, 2800 Jahre alte Terrakottastiefel (Vitrine 20) und ein gut durchdachter Nachttopf für Kinder aus dem frühen 6. Jh. v. Chr (Vitrine 26) zu sehen. Auch Küchenutensilien gibt es: Ein tönerner Grill (Vitrine 42), Grillspieße und ein tragbarer Backofen (beide Vitrine 60) stammen aus dem 6.–4. Jh. v. Chr.

#6 Archäologischer Boulevard

ÜBRIGENS

Im Prinzip gut, aber ... Das Scherbengericht der Athener war eine praktische Einrichtung, um Versager, Möchtegern-Diktatoren und korrupte Politiker loszuwerden. Wer bekäme bei uns heute wohl die meisten Stimmen? Als sich aber herausstellte, dass oftmals die Fähigsten ins Exil geschickt wurden, schaffte man das Scherbengericht nach hundert Jahren wieder ab.

Das Museum birgt überwiegend Funde von der antiken Agorá. In Vitrine 29 sind die berühmten Tonscherben mit eingeritzten Namen zu sehen: Sie stammen vom ›Scherbengericht‹ (gr. Ostrakismós), das gegen Ende des 6. Jh. v. Chr. eingeführt wurde (aber schon ein Jahrhundert später wieder abgeschafft). Mit diesem Verfahren konnte durch Mehrheitsbeschluss der Bürger alljährlich ein missliebiger Politiker in die Verbannung geschickt werden. Die Namen wurden in Tonscherben eingeritzt, der am häufigsten Genannte musste die Stadt für ein Jahr verlassen – was ihn seiner Einkünfte beraubte und in eine höchst bedrohliche Lage brachte. Manch einer überlebte das Exil nicht.

Antike im Park

Deutsche Archäologen erforschen seit 1913 das antike Stadtviertel **Kerameikós** 5 am Rande der antiken Stadt. Die Ausgrabungen bilden ein äußerst romantisches, parkähnliches Idyll. Hier standen seit 478 v. Chr. die beiden bedeutendsten Stadttore Athens, das Dípylon und das Heilige Tor. Bei Letzterem begann die Prozessionsstraße zum Demeter-Heiligtum im nahen Elefsína. Am Dípylon, dem größten Torbau der griechischen Antike, nahm der prächtige Panathenäische Festzug seinen Anfang, der alle vier Jahre über die Agorá zur Akropolis hinaufzog.

Vor den Stadttoren lag ein ausgedehnter Staatsfriedhof, der bedeutenden Bürgern, den im Kampf Gefallenen und Gesandten fremder Stadtstaaten vorbehalten war. Die Originale der prachtvollen Grabdenkmäler befinden sich heute größtenteils im Archäologischen Nationalmuseum. Am Fundort sind Kopien aufgestellt. Wenn eine Pause nötig ist, dann hier!

→ UM DIE ECKE

Vom Geist der Antike inspiriert wirkt der Schmuck des berühmtesten Juweliers Griechenlands, Ilías Lalaoúnis. Nur 100 Schritte abseits des Archäologischen Boulevards hat er sich und seinen Werken ein etwas eitles Museum erbaut: das **Schmuckmuseum Ilías Lalaoúnis** 6 (Odós Kallispéri 12, Di–Sa 9–15, So 11–16 Uhr, Eintritt 5 €, www.lalaounis-jewelrymuseum.gr).

Grünes Athen – **Spaziergang mit Akropolisblick**

#7

Athen mal von seiner geheimen Seite. In zwei Stunden erleben sie die Akropolis aus ganz verschiedenen Blickwinkeln, bewegen sich abseits jeglichen Autoverkehrs auf wenig begangenen Pfaden, sehen immer wieder die Berge und das Meer – und fragen sich gewiss: Wo sind nur all die Häuser hin?

Als Erstes fahren Sie mit dem Lift hinauf auf den Dachgarten **Thissio View** ❶: für einen Überblick! Dort oben können Sie schon einmal den ganzen Weg in Augenschein nehmen: Vom markanten Bau der Sternwarte nahe bei Ihnen bis zum Philopáppos-Hügel mit seinem antiken Denkmal, dann hinunter an den Fuß der Akropolis und an deren Westflanke entlang bis auf den Areopag.

Romantische Zweisamkeit kann man auf dem Areopag-Hügel finden, auch wenn man sie mit anderen teilen muss. Aber bei dem Panorama spielt das keine große Rolle.

#7 Spaziergang mit Akropolisblick

Spenden statt Steuern

Dann schlendern Sie die Odós Agías Marínis hinauf, die Sie zur 1922 erbauten und in den 1930er-Jahren ausgemalten Kirche **Agía Marína** 1 führt. Ihre Türen sind vormittags meist für Besucher geöffnet.

Auf der Westseite der Kirche beginnt ein gepflasterter Weg, der Sie zum Tor der **Sternwarte** 1 auf dem Nymphenhügel hinaufbringt. Der Bau aus dem Jahr 1843 ist ein Werk des dänischen Architekten Theophil Hansen, finanziert hat ihn der damalige griechische Botschafter in Wien, Freiherr Georg von Sina (damals gaben sich viele vornehme Griechen ausländische Namen).

Hinten links am Ende des Vorplatzes der Sternwarte steigen Sie nun ein paar Stufen hinauf. 30 m weiter können Sie linker Hand ein Tor öffnen, durch das Sie zu einem ganz nahen Rundbau mit weißer Kuppel gelangen, dem **Bau für das Doridis-Teleskop** 2. Das 5 m lange Teleskop darin wurde 1902 von der französischen Firma Gautier

Auch das Doridis-Teleskop in dem Kuppelbau aus Marmor scheiterte einst am Athener Smog. Die Besuchervorführungen mussten eingestellt werden.

INFOS/ÖFFNUNGSZEITEN

Thissio View 1: Odós Apostólou Pávlou 25, Thisío, T 210 347 67 54, www.thissioview.gr, tgl. 8.30–1 Uhr
Sternwarte 1: Mo–Fr 9–14 Uhr, Eintritt 5 €, www.astro.noa.gr/en/visitorcenter

KULINARISCHES FÜR ZWISCHENDRIN

In der Senke zwischen Pnyx und Philopáppos gilt das **Diónysos-Zonar** 2 (Odós Rovértou Gálli 43, T 210 923 31 82, www.dionysoszonars.gr, tgl. 12–1 Uhr) seit über 50 Jahren als eins der besten Cafés und Restaurants der Innenstadt. Das Gebäude ist ein gelungenes Beispiel für die Athener Nachkriegsarchitektur. Während der Olympischen Spiele 2004 hatte das ZDF dort sein Olympiastudio eingerichtet.

Cityplan: A–B 5–8 | **Metro** Thisío (Linie 1), Monastiráki (Linie 1 und 3)

gekauft. Die Kosten für den Bau trug wiederum ein griechischer Mäzen. Dieses Mäzenatentum ist bis heute ein Grundzug der griechischen Gesellschaft, das auch so manche Steuerflucht erklärt: So bereichern viele griechische Reeder zwar nicht den Staatshaushalt, spenden aber Klöster, Museen und Krankenhäuser. Sie wollen eben selbst entscheiden, wofür sie ihr Geld ausgeben.

Vom Teleskop-Bau aus genießen Sie einen großartigen Blick auf die Propyläen der Akropolis. Bitte schließen Sie hinterher das Tor wieder, damit keine streunenden Hunde auf das Gelände gelangen. Apropos streunende Hunde: Angst muss man vor denen nicht haben, streicheln sollte man sie aber auch nicht.

Wir sind das Volk, aber wer nicht?

Bleiben Sie auf dieser Seite des Hügels, kommen Sie nach etwa 100 m zur **Pnyx** [3], der Stätte der antiken Athener Volksversammlungen. ›Wir sind das Volk!‹, dachten damals die Männer; Frauen waren zur Volksversammlung nicht zugelassen. Hier debattierten die Herren seit dem 6. Jh. v. Chr. im Angesicht ihres heiligen Felsens. Die ehemalige Rednertribüne ist noch klar zu erkennen. Mancher erschaudert hier voller Hochachtung vor den frühen politischen Leistungen der alten Griechen. Dabei haben sie aber nur die Grundformen der Demokratie geschaffen, die bis heute nachklingen. Das Wahlrecht für alle und die Abschaffung der Sklaverei waren erst sehr viel späteren Generationen anderswo vorbehalten.

Ein Weg führt Sie nun von der Südseite der Pnyx in eine Einkerbung des Hügelzugs hinunter, wo die für Familienfeiern wie Taufen und Hochzeiten sehr beliebte Kirche **Ágios Dimítrios Loumbardiáris** [4] steht. Sie gehört zu einem für Athen ungewöhnlichen Typus, der eigentlich in den Bergregionen der Pilion-Halbinsel und des nordwestgriechischen Epirus zuhause ist.

Drachen in den Bäumen

Auf der anderen Seite des nur selten von Autos befahrenen gepflasterten Wegs entdecken Sie ein verstecktes Schild, das auf einen stufenreichen Waldweg hinauf auf den **Philopáppos-Hügel** zeigt. Verzweigungen laufen später wieder zusammen, alle Varianten führen zum Ziel. In den

Statt den streunenden Hunden Athens eine Dose Futter zu spendieren, können Sie sich auch nachhaltiger für das Wohl der Streuner engagieren. Der britisch-griechische Greek Animal Welfare Fund hat im Großraum Athen zahlreiche freiwillige Mitarbeiter und unterhält mehrere Tierheime. Mehr Infos auf www.animalactiongreece.gr.

Besonders aussehende Kirche!

Vielleicht stiegen auf diesem Pflasterweg schon die alten Philosophen, Könige und athenischen Feldherrn empor. Alle wollten den einen Blick genießen: das Panorama von der Akropolis bis zum Meer.

Bäumen sehen Sie gelegentlich zerfetzte Drachen: Am Rosenmontag kommen viele Athener auf den Hügel herauf, um hier Drachen steigen zu lassen. Ganzjährig haben Sie nun erstmals einen schönen Blick nach Süden über die Halbinsel Piräus zu den Inseln Ägina und Sálamis sowie bei klarer Sicht bis hin zu den Bergen des Peloponnes.

Dieser Blick hat einst wohl auch den syrischen Prinzen beeindruckt, an den das monumentale, 114–116 erbaute **Philopáppos-Denkmal** 5 auf dem 147 m hohen Hügel erinnern sollte. Er galt als Wohltäter Athens und wurde im Jahr 109 sogar als erster Athener Bürger in Rom zum Konsul gewählt. In diesem Amt konnte er viele römische Entscheidungen zugunsten Athens beeinflussen. Deshalb gewährte man seinen Angehörigen sogar das Recht, den Toten in einem Sarkophag in seinem Denkmal beizusetzen, obwohl Tote normalerweise außerhalb der Stadtmauern beerdigt werden mussten. Teile des Denkmals wurden im 16. Jh. auf der Akropolis verbaut, letzte Einschussspuren stammen aus dem Bürgerkriegsjahr 1946.

Zum Areopag

Vom Denkmal führen verschiedene Waldwege hinunter zur Fußgängerstraße Odós Theorías, über die Sie zum Platz unterhalb des Eingangs zur Akropolis gelangen. Dort finden Sie endlich auch Toiletten.

Gehen Sie über den Platz hinweg, führen links sogleich eine kurze metallene Treppe sowie glatte, ausgewaschene Stufen im Fels auf den Felsen des **Areopag** 6 hinauf. Der 115 m hohe Areopag war im Altertum der Sitzungsort des höchsten Athener Gerichts, des Areopágos. Auch heute trägt Griechenlands oberster Gerichtshof übrigens diesen Namen.

ÜBRIGENS

Einer Gedenktafel am Fuß des Felsens rechts der Felstreppe zufolge hat Apostel Paulus hier im Jahr 50 seine Predigt »Über den unbekannten Gott« gehalten. Danach bekannte sich einer der Richter des Areopag zum Christentum und ließ sich von Paulus taufen. Als Dionysios Areopagítes und erster Bischof Athens ging er in die Kirchengeschichte ein.

Ganz junges Athen – **Thisío und Gázi**

 # 8

Athens junge Szene liebt alte Viertel. Sie verbringt die Nächte am liebsten in früheren Industrie- und Gewerbegebieten, haucht ihnen neues Leben ein. Doch wo sich gestern noch die Menge drängelte, kann morgen schon gähnende Leere sein. So wird Thisío schon wieder schläfriger, während Gázi gerade erwacht. Beide sind nur eine Metrostation voneinander entfernt.

Es ist früher Abend, die Sonne wird bald untergehen. Sie bummeln von der Metrostation Thisío aus in die Nacht hinein – natürlich mit der Akropolis vor Augen. In der Fußgängerzone Ilía Poulopoúlou haben Künstler und Schmuckhersteller vor der Kulisse des Hephaistos-Tempels ihre Straßenstände aufgebaut. Dahinter sitzt die alternative Szene Athens schon mal gern auf dem Rasen und

Nachmittags schlägt man die Zeit im Gázi-Viertel mit Warten tot. Da kann man aus Langeweile auch mal ein Buch lesen. Erst nachts kommen die hippen Mädchen und Jungs.

Hat das nicht jeder mal gemacht? In der Kneipe Billard gespielt, statt ins Seminar zu gehen? Versuchen Sie es doch einfach auch mal wieder!

Die Griechen fühlen in ihrer musikalischen Tradition. Sie können nicht ohne, selbst in Pop und Rock. Gute Beispiele sind Thanásis Papakonstantínou oder Sokratís Malamás. Und immer muss auch die traditionelle Bouzoúki dabei sein, natürlich im zeitgenössische Laikó-Pop, den etwa das Duo Paula oder Jánnis Ploutárchos vertritt. Derzeit auch international beliebt ist die kretische Kurzhalslaute Lyra geworden, die von Psarantónis oder seinem Sohn Jórgos Xylouris, der mit der Formation Xylouris White seit 2013 durch die Welt tourt, gespielt wird. Mit der Band Villagers of Ioannina City (kurz: VIC) ist nun sogar die Metall-Szene auf traditionelle Klänge eingegangen.

genießt die Abendluft. Für Kinder und andere Süßmäulchen bieten Straßenhändler Zuckerwatte, gegrillte Maiskolben und frisch geröstete Nüsse an, auch Luftballons in Form von Smartphones und Disney-Figuren warten auf Käufer.

Den Schienen folgen

Die Fußgängerzone Ilía Poulopoúlou vereint sich schnell mit der Fußgängerzone Apostólou Pávlou, dem Archäologischen Boulevard. Von ihr zweigt nach rechts die Odós Iraklídon ab. Im Pflaster überrascht ein Schienenstrang: Früher fuhr hier eine Straßenbahn, die bei ihrer Einweihung 1882 noch von Pferden gezogen wurde.

Folgen Sie den Schienen bis zum Ende der Straße. Werfen Sie dabei einen Blick in **The Sowl** 1 hinein. In den ehemaligen Pferdeställen König Ottos finden häufig Kunstausstellungen und Livekonzerte statt; vielleicht steht heute ja für Sie Interessantes auf dem Programm. Zahlreiche Cafés und Bars säumen die Straße.

Kaum jemand sitzt allein darin: die Griechen lieben die Geselligkeit, suchen immer eine Paréa. Wenn es noch vor 19.15 Uhr ist, statten Sie am unteren Ende der Straße rechter Hand dem **Politistiko Kentro »Melína«** 2 einen Kurzbesuch ab. Das nach der Schauspielerin, Sängerin und Politikerin Melína Mercoúri benannte Kulturzentrum beherbergt eine Dauerausstellung zum traditionellen griechischen Schattenspieltheater, in dem der Karagiózis das Kasperle ist.

Industrie ... Kultur ... Kunst

Nun gilt es, an der Ampel die breite Autostraße Odós Peiréos zu überqueren. An der Ecke fällt Ihnen vielleicht die Fassadendekoration des Athener 2-CV-Clubs ins Auge. Sie sind jetzt in der Odós Perséfonis. Rechts von Ihnen erstreckt sich das weitläufige Gelände der ehemaligen Gaswerke Athens, die heute die **Technopolis** 3 beherbergen. Hohe Essen ragen in den Abendhimmel, in den das Eisengestänge des alten Gasometers Strukturen bringt. Tagsüber kann man hier ein Industriemuseum besichtigen. Abends finden häufig Kunstausstellungen und Performances statt, manchmal auch Konzerte. Unbedingt mal schauen, ob da heute etwas los ist! Wenn nicht, können Sie einen Blick auf die Speisekarten der beiden Restaurants auf der anderen Straßenseite werfen: Das **Sardéles** 1 gilt als eins der besten Fischrestaurants Athens abseits der Küste, im **The Butcher Shop** 2 sind vor allem Steaks und Burger jeden Versuch wert.

Industriebrachen wie das Technopolis ziehen immer besondere Leute an. Natürlich auch solche, die einfach nur den Hund ausführen möchten.

Überblick schaffen

Die autofreie Persephone-Straße mündet auf den lang gestreckten zentralen Platz von Gázi, unter dem die Metrostation Keramikos das Nightlife-Viertel leicht erreichbar macht. Gehen Sie den Platz einmal ganz hinauf. Links reihen sich die Mu-

---

INFOS & ÖFFNUNGSZEITEN

The Sowl 1: Odós Iraklídon 10, T 210 345 00 03, www.thesowl.com, Mo–So 11–2 Uhr
Politistiko Kentro »Melína« 2: Odós Iraklídon 66, Di -Sa 10–20, So 10–14 Uhr.
Technopolis 3: Odós Píreos 100, www.technopolis-athens.com
Sardéles 1: Odós Perséfonis 19, tgl. ab 12 Uhr

The Butcher Shop 2: Odós Perséfonis 19, tgl. ab 12 Uhr
Gázi View 3: Odós Iakchoú 22, T 210 346 45 28, www.facebook.com/gazi view, tgl. 11–4 Uhr, nur abends gut
Gazochóri 4: Odós Dekélion 2, Gázi, T 210 342 40 44, www.gazohori.gr, tgl. 18–4 Uhr
Gazarte 1: Odós Voutadon 32–34, T 210 346 03 47, www.gazarte.gr

Cityplan: A–C 5–6 | **Metro** Keramikos (Linie 3)

#8 Thisío und Gázi

Industriestahl als Außendeko – das ist immer beliebt. So auch im Restaurant Gazarte, das sich wohl irgendwo zwischen dem Gasometer und der Kunst verortet. Auf jeden Fall treffen sich hier die Jungen und Schönen.

sikclubs aneinander, rechts haben sich auch einige Imbissstände, Gyros-Buden und Fast Food-Restaurants darunter gemischt. Weiter oben steht links das **Gazarte** ❶, der Ort schlechthin für gute Filme und Live-Auftritte griechischer Bands.

In der oberen rechten Ecke des Platzes ragt schließlich ein kleines Hochhaus auf. Auf dessen Dach erwartet Sie das **Gázi View** ❸. Die Cocktails und das Fassbier sind ebenso exzellent wie der 320-Grad-Blick über Athen.

Treffpunkt der Studenten

Anschließend geht es den Platz abwärts, am besten auf der linken Seite. Wenn Sie wissen möchten, was aktuell im Viertel an Konzerten, Stand-up-Comedy und Ähnlichem läuft, schauen Sie sich die Plakate an den Ausgängen der Metrostationen an. Ansonsten gehen Sie direkt bis in die linke untere Ecke des Platzes, schwenken dort nach links in die Odos Dekélion ein und sind sogleich an der wohl schönsten Taverne des Viertels, dem **Gazochóri** ❹. Im ›Gasometerdorf‹ können sich auch Studenten ein üppiges Mahl mit Freunden leisten – und Dutzende Musikclubs sind für vorher oder später gleich ganz in der Nähe. Die sehr große, in verschiedene Räume untergliederte Taverne ist fast immer rammelvoll. Die griechische Musik wird vom Stimmengewirr der überwiegend jungen Gäste meist übertönt. Die genießen Omelettes und Salate, Hackfleischrollen mit Yoghurt auf Fladenbrot oder Makaroúnia, eine Schüssel Nudeln mit frischem Koriander, und bekommen am Ende vom Kellner eine Karaffe mit Honig gesüßten Tresterschnapses auf Kosten des Hauses auf den Tisch gestellt. Zu zweit wird man hier inklusive Hauswein für 35 € lecker satt. Bis Mitternacht fährt die Metro, ansonsten sind Taxis immer rufbereit.

Als Viertel, die demnächst ›in‹ sein könnten, gelten **Áno Petrálona** und **Káto Petrálona,** die gleich südlich an die jetzt trendigen Stadtteile Thisío und Gázi anschließen. Metrostation für beide ist Petralona. Als heiße Plätze werden die **Platía Ious** in Káto Petrálona und die **Platía Mérkouri** in Áno Petrálona gehandelt.

Hausbesetzer, Graffiti und Spieler – **Exárchia und Metaxourgío**

9

Ein Blick auf Athener Parallelgesellschaften ist bei einem Spaziergang durch die Problemviertel möglich: Exárchia gilt als Hochburg der Autonomen, Metaxourgío wird von arabischen und nordafrikanischen Einwanderern dominiert. Die Drogenkriminalität wäre ein Hauptproblem der Polizei, wenn sie sich denn sehen ließe. Schlimmer als in Berlin-Neukölln ist es aber auch nicht! ▼

Der Stadtteil Exárchia entstand zwischen 1880 und 1890 nordöstlich der Akadimías-Straße im Rhombus zwischen Omónia-Platz, Archäologischem Nationalmuseum, Stréfi-Hügel und klassizistischer Trilogie. Im Süden grenzt es unmittelbar an das Nobelviertel Kolonáki. Einst wohnten hier gut betuchte Bürger und viele Universitätsdozenten. Als Häuser und Apartments älter und billiger wurden, kamen die Studenten, denn viele Institute der Kapodístrias-Universität und die Polytechnische Hochschule sind hier angesiedelt.

Ist das Kunst, oder kann das weg? In Exárchia ist vieles Kunst … irgendwie. Und egal, ob jemand high ist oder verzweifelt oder einsam oder bettelt … irgendwie gehört er doch dazu.

#9 Exárchia und Metaxourgío

Der Aufstand gegen die Junta

Ihr Rundgang beginnt zwischen Omónia-Platz und Archäologischem Nationalmuseum an der **Nationalen Technischen Universität** 1, die vor allem unter der Kurzbezeichnung **Polytechnío**. bekannt ist. Hier wurde am 17. November 1973 der Sturz der Militärjunta eingeleitet, die mit Duldung der USA im April 1967 die Macht in Griechenland an sich gerissen hatte.

Ausgangspunkt war der Wunsch vieler Studenten nach mehr Mitbestimmung. Der Bewegung schlossen sich Arbeiter und Intellektuelle an. Am 14. November eskalierten die Ereignisse. Nach Demonstrationen und Straßenschlachten mit der Polizei zogen sich mehrere Tausend Protestierende auf das Gelände der Technischen Universität zurück. In den frühen Morgenstunden des 17. November drang das Militär mit Panzern auf das Gelände vor und schlug den Aufstand nieder. 23 Tote wurden gezählt, mindestens 876 Menschen wurden verhaftet. Junta-Führer Papadópoulos wurde unter Hausarrest gestellt, starker Mann im Hintergrund wurde jetzt der Hardliner Ioannídis, bis dahin Chef der Militärpolizei. Für Griechenlands Nato-Partner war die Junta nicht mehr tragbar, sie ließen sie fallen. Nach deren missglücktem Versuch, Zypern zu annektieren, musste sie am 23. Juli 1974 abtreten.

Aus den Opfern des Aufstands wurden die ›Helden des Polytechnio‹, nach denen überall in Hellas Straßen und Plätze benannt sind – in Deutschland gibt es nur in Berlin-Kreuzberg eine Rudi-Dutschke-Straße … Für viele Studenten wurden sie zum Vorbild, auch wenn man jetzt gegen eine demokratisch legitimierte Staatsmacht protestiert. In der Nähe des Polytechnío zu wohnen war fortan besonders imagefördernd.

Im Zentrum der autonomen Szene

Die am Polytechnío entlang führende Odós Stournári mündet auf den zentralen Platz des Viertels, die Platía Exarchías. Leere Flaschen zwischen spärlichem Grün zeugen von nächtlichen Partys, Menschen sitzen auf Bordsteinen, Hunde dösen im Schatten junger Bäume. Einige der Häuser an den Gassen ringsum sind von Autonomen besetzt, zwei haben sie im März 2016 für Flüchtlinge okkupiert. In vielen kleinen Läden werden

---

ÜBRIGENS

Über 150 000 Studenten wuseln durch die Athener Innenstadt. Nahezu alle erlangten nur deshalb einen Studienplatz hier, weil sie ein Super-Abitur haben. Denn Studienplätze werden in Griechenland nach Notendurchschnitt zugeteilt. Wer gut abgeschnitten hat, darf seine Studentenzeit in Athen oder Thessaloniki genießen, die anderen müssen an die Provinzuniversitäten. Wer am Polytechnío studieren darf, ist wegen der Studentenproteste vom November 1973 besonders stolz darauf.

Exárchia und Metaxourgío #9

gebrauchte Bücher, Schallplatten und DVDs verkauft, ein paar Straßencafés sind auch geöffnet.

Stärkung vor dem Sommerkino

Von der Platía führt die Fußgängern vorbehaltene Odós Valtetsíou aufwärts. Straßencafés und preiswerte Tavernen säumen sie im unteren Teil. Besonders empfehlenswert ist hier die **Taverne Rozalía** ❶ mit schöner Gartenterrasse und sehr freundlichen Mitarbeitern. Die Küche ist griechisch schlicht. Es kehrt durchaus auch ein halbwegs bürgerliches Publikum ein. Dogmatische Nichtraucher werden sich hier allerdings kaum wohlfühlen – Exarchía dreht! Kurz darauf passie-

---

SICHERHEIT

Exárchia sollten Sie vor und an Tagen mit Großdemonstrationen sowie am 16./17. November meiden. Zumindest Frauen sollten hier und auch in Metaxourgío abends nicht allein unterwegs sein. Achtung vor Beschaffungskriminalität und Polizeieinsätzen.

ÖFFNUNGSZEITEN

Municipal Gallery of Athens ❹: Odós Panagi Tsaldári 51, Di 10–21, Mi–Sa 10–19, So 10–16 Uhr

Rozalía ❶: Odós Valtetsíou 59, Exarchía T 210 330 29 33, tgl. ab 12 Uhr
Cinema Riviera ❶: Odós Valtetsíou 46, T 210 384 48 27, www.facebook.com/riviera.athens, ca. 19.30–1 Uhr

---

KULINARISCHES FÜR ZWISCHENDRIN

To Avgó tou Kokkorá ❷ (›Das Ei des Hahns‹) heißt die Taverne im ehemaligen Haus des Seidenfabrikanten, schräg gegenüber der Kommunalen Galerie (Odós Leonídou 46, www.toavgotoukokkora.gr, tgl. ab 12 Uhr).

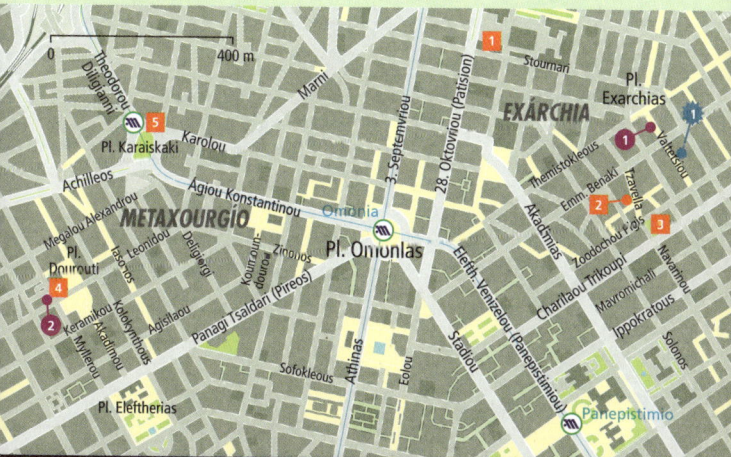

Cityplan: A–E 2–4 | **Metro** hin Omonia (M1, M2), zurück Metaxourgío (M2)

#9 Exárchia und Metaxourgío

Mauerbilder sprayen? Einradfahren üben? Auf der Parkbank kiffen? In Exárchia lebt jeder seinen Traum ... oder das, was davon übrig blieb.

ren Sie eine Schauspielschule, in die Theaterinteressierte bei offenen Türen einen kurzen Blick werfen dürfen.

Schräg gegenüber lädt das **Cinema Riviera** 1 im Sommer zum Kino unterm Sternenhimmel ein. Seine Wände zieren Graffiti, wie fast überall in Exárchia.

Tod zweier Jugendlicher

An der nächsten Kreuzung biegen Sie nach rechts in die Odós Zoodóchou Pigís und dann in die dritte Gasse (Odós Tzavélla) rechts ein. Sie stehen sogleich an einer kleinen Kreuzung, wo ein von Graffiti gefasster **Schrein** 2 an Alexander Grigorópoulou erinnert. Der 15-jährige Schüler wurde hier bei Protestaktionen im Dezember 2008 von einem verunsicherten Polizisten erschossen, der jetzt eine lebenslängliche Gefängnisstrafe absitzt. An einer Hauswand schräg gegenüber verweist eine Marmortafel auf den gewaltsamen Tod des 15-jährigen türkischen Schülers Berkin Elvan. Während einer Demo um den Gezi Park in Istanbul hatte ihn eine Tränengasrakete der türkischen Polizei am Hinterkopf getroffen.

Anhand von Kleidung, Frisur und Rasur kann man den sozialen Status eines Mannes in Griechenland noch weit weniger beurteilen als bei uns. Das musste ich schon mehrfach erfahren, wenn ich Freunde in Krankenhäusern besuchte: Meist hielt ich den diensthabenden Arzt für den Pförtner und den Pförtner für den Klinikdirektor.

Der Parkplatz-Park

Gehen Sie die Odós Tzavélla wieder zurück und überqueren Sie die Odós Zoodóchou Pigís. Sie stehen auf einem kleinen Platz, der keinen offiziellen Namen trägt, weil er nie ein offizieller Platz war. Von 1902 bis 1977 stand hier eine Klinik. Nach deren Abriss wurde der Platz asphaltiert und als Parkplatz genutzt. Am 7. März 2009 nahm ihn eine Bürgerinitiative in Besitz, brach den Asphalt auf, fuhr Erde und Pflanzen herbei und schuf die Grünanlage. »Ihr Parkplatz, unser Park« lautete die Devise, **Parko Parking** 3 wurde zum Namen des Parks. Die Stadt als Grundeigentümer hielt still, der Park wird nun antihierarchisch und antikommerziell geführt und gepflegt. Es gibt einen kleinen Spielplatz, eine einfache Openair-Bühne und viel Platz für Stadtteilbewohner jeder Couleur, um sich hier beim Picknick oder einer Flasche mitgebrachten Biers zu treffen und zu rauchen, was immer sie wollen. Wer nur zuschauen will, findet am Platzrand auch ein paar preiswerte Cafés, in denen man eher Bier und Wein als Cocktails bestellt.

Exárchia und Metaxourgío #9

Jetzt nach Metaxourgío

Aus der Südwestecke des Parko Parking führt die Odós Trikoúpi zur Panepistímiou-Straße, nach rechts geht es zum Omónia-Platz. Dort beginnt die nur Hartgesottenen empfohlene Tour durchs Metaxourgío-Viertel. Gehen Sie vom Omonia aus ein paar Schritte die breite Odós Panagí Tsaldári hinunter, biegen Sie dann nach rechts in die Odós Zinónos ein, dann die zweite links in die Koumoundoúrou, die in die Odós Agisláou übergeht.

In diesen Gassen offenbart sich die ganze Vielfalt der Menschheit auch an ihren Schriften: Erst überwiegen georgische Lettern, dann arabische, indische und chinesische. Anders als in Exárchia leben in diesem Teil von Metaxourgío besonders viele Ausländer.

Der Exárchias-Platz sieht von Weitem aus wie der Mittelpunkt eines bürgerlichen Spießerviertels. Tatsächlich schlägt hier das Herz des Athens der autonomen Szene. Das heißt: man muss nicht alles, kann aber ...

Kleine Leute, kleine Häuschen

Zu den Ausländern gesellen sich inzwischen immer mehr junge Künstler und Alternative, die hier billigen Wohnraum und genug leer stehende Gebäude zur Eröffnung von Ateliers und Galerien finden. Außerdem sind in diesem alten Arbeiterviertel aus dem 19. Jh. viele Leute zu finden, die es sich ansonsten nicht leisten können, so zentral zu leben. Insgesamt wird Metaxourgío heute als ein Stadtteil mit viel Entwicklungspotenzial angesehen.

Zunächst biegen Sie von der Odós Agisláou nach rechts in die hübsche Odós Iasónos ein. In den kleinen Häusern hier befinden sich die Arbeitsstätten von Prostituierten aus aller Welt. Schwenken Sie dann nach links in die Odós Keramikoú ein. Sie kommen zur Platía Douroúti mit mehreren Cafés und Tavernen.

An der Ecke Odós Miléroú/Odós Leonídou fällt ein großer klassizistischer Bau ins Auge, das ehemalige Hauptgebäude einer im 19. Jh. gegründeten Seidenfabrik. Heute beherbergt es die **Kommunale Galerie** 4 mit Malerei des 19. und 20. Jh.

NOCH WAS

Seide wurde noch im 19. und frühen 20. Jh. in vielen Teilen Griechenlands gewonnen und war ein wichtiges Exportprodukt des jungen neugriechischen Staates. Heute werden nur noch im äußersten Nordosten des Landes Seidenraupen gezüchtet, in der Region um Soúfli in Westthrakien nahe der türkisch-bulgarischen Grenze.

→ **UM DIE ECKE**

Wenn Sie noch mehr von Metaxourgío sehen wollen, gehen Sie von der Platía Douroúti aus zur Platía Karaiskákis mit der **Metrostation Metaxourgío** 5. Darin hat der griechische Maler Alékos Fassianós den ›Mythos dieses Viertels‹ in Farben festzuhalten versucht.

#10

Amalia, Sophia und ausländische Herren – **Odós Panepistímiou**

Innerhalb eines Jahrhunderts wandelte sich Athen vom ärmlichen Dorf zur Millionenstadt. Dieser Spaziergang führt Sie ins Athen des 19. Jh. und der ersten Hälfte des 20. Jh. zurück, als viele der heute gesichtsprägenden neoklassizistischen Bauten der Metropole entstanden. Das Sagen hatten damals ausländische Herren und zwei junge Frauen.

Athen ist eine der Großstädte, in der jeder immer unterwegs ist. Auf der Panepistímiou ist man entweder reich oder wichtig. Oder Student oder Tourist. Oder einfach nur unterwegs.

Die etwa zweistündige Tour beginnt in der Nordostecke des Syntágma-Platzes am traditionsreichsten Luxushotel der Stadt, dem Hotel Grande Bretagne, und führt die **Odós Panepistímiou,** die ›Universitätsstraße‹, entlang. Wundern Sie sich nicht, dass auf den meisten Straßenschildern stattdessen ein anderer Name steht: Odós El. Venizélou.

Odós Panepistímiou #10

Eigentlich ist sie nämlich Elefthérios Venizélos gewidmet, jenem für die Griechen bedeutenden Staatsmann, der zwischen 1910 und 1933 mehrfach griechischer Ministerpräsident war und dessen Name auch der Athener Flughafen trägt. Aber im Volksmund hat sich dieser offizielle Name nicht durchgesetzt.

Heinrichs Palast für Sophia

Gehen Sie auf der rechten Straßenseite entlang, passieren Sie nach 150 m einen Zaun, der mit zahlreichen Svastiken (Hakenkreuzen) verziert ist. Hinter dem Zaun befindet sich das **Numismatische Museum** Griechenlands mit glitzernden Münzen aus über 2500 Jahren. Es ist in dem Stadtpalast untergebracht, den der deutsche Kaufmann und Troja-Entdecker Heinrich Schliemann 1878–1881 nach Plänen des deutschen Architekten Ernst Ziller erbauen ließ.

Er war in zweiter Ehe mit einer sehr viel jüngeren Griechin namens Sophia verheiratet, die er wie eine Göttin mit dem von ihm gefundenen antiken Schmuck ausstaffierte. Für sie ließ er auch diesen Stadtpalast königlich schmücken, in dem die beiden zusammen mit ihren Kindern Andromache und Agamemnon lebten. Ein Slowene schuf die feinen Wandmalereien, ein Italiener verlegte die Bodenmosaike. Jedes Detail verrät: Schliemann war ein Superreicher seiner Zeit. Kein Wunder, dass zur Einweihung des Palazzos auch der griechische Premierminister kam. Schliemann selbst ging am zweiten Weihnachtstag 1890 in Neapel den Weg alles Irdischen und wurde auf dem Athener Hauptfriedhof beigesetzt. Sein Grab wird dort noch immer gepflegt; der Friedhofswärter weist Besuchern den Weg.

Athens Palast für Luxuskäufe

Nach einer Erfrischung im Café im Garten des Schliemann-Hauses treten Sie wieder auf die Odós El. Venizélou. Ihnen gegenüber sehen Sie die lang gestreckte Fassade des Edelkaufhauses **Attica** . Auf acht Etagen präsentiert es die bekanntesten und teuersten Labels der Welt in einem modernisierten Prachtbau aus dem Jahr 1926. Für Scheichs und andere VIPs gibt es sogar Suiten, in denen sie sich ganze Kollektionen ohne Gaffer vorführen lassen können.

ÜBRIGENS

Schliemann war ein reicher Mann. Er hinterließ jedem seiner fünf Kinder aus zwei Ehen ein Haus in Paris, seiner Frau Sophia das heutige Numismatische Museum und ein Haus in Berlin. Einem Sohn vermachte er sogar noch eine Tabakplantage in Amerika. Das deutsche Reich erhielt seine trojanischen Sammlungen. Reichlich Bargeld erbten nicht nur alte Bekannte in seiner Heimat Mecklenburg, seine Geschwister und seine geschiedene erste Frau, sondern sogar Prominente wie der Archäologe Wilhelm Dörpfeld und der Mediziner Rudolf Virchow.

Im Attica shoppen die Leute, die sich um Geld keine Sorgen machen. Die anderen finden es nur sehr schick.

#10 **Odós Panepistímiou**

▶ **INFOS & LESESTOFF**

Viele Reisende des 19. Jh. haben über ihre Erfahrungen in Athen berichtet – darunter besonders lebhaft und anschaulich der dänische Märchenerzähler Hans Christian Andersen, der 1841 von Italien über Athen nach Konstantinopel reiste. **Griechenland und der Orient. Eine märchenhafte Geschichte** heißt die 256-seitige Neuauflage dieses Meisterwerks, die im Verlag der Griechenland-Zeitung erschienen ist (www.griechenland.net).

Das Kaufhaus befindet sich in einem Gebäudekomplex namens »City Link«, der einen kompletten Häuserblock einnimmt. In Längsrichtung wird er von einer hohen Einkaufspassage durchzogen, der Stoá Spirómiliou und beherbergt neben weiteren Markengeschäften auch Cafés, Theater und Restaurants. Man merkt nicht, dass hier im 19. Jh. die königlichen Pferdeställe angesiedelt waren.

Wenn Sie auch andere Athener Passagen gesehen haben, werden Sie mir sicher zustimmen: Dies hier ist die schönste von allen. Am besten gehen Sie von der Odós Voukourestíou aus hinein und verlassen sie durch die Odós Amerikís nach rechts.

Horte der Gelehrsamkeit

Schon nach wenigen Schritten stehen Sie wieder auf der Universitätsstraße und folgen ihr nach links. Rechter Hand passieren Sie die 1854–1887 erbaute römisch-katholische **Ágios Dionýsios-Kathedrale** 2, nach einem Entwurf von Leo von Klenze errichtet und dem hl. Dionysios geweiht, dem noch vom Apostel Paulus eingesetzten ersten Bischof Athens. Wenige Schritte weiter steht Athens erste Augenklinik, das schon 1864 eröffnete Ofthalmiatríon Athinón.

Auf derselben Straßenseite folgt die ›Athener Trilogie‹. Diese klassizistischen Prachtbauten, entstanden zwischen 1839 und 1891, sollten Athen London und Paris, zumindest aber München ebenbürtig machen. Sie beginnt mit der vom Dänen Theophil Hansen entworfenen **Akademie der Wissenschaften** 3. Die auf hohen Säulen stehenden Statuen zeigen links die Göttin Athena und rechts den Gott Apollon, darunter sitzen in Stein die Philosophen Platon und Sokrates.

Die Akademie – ein neuer Tempel der Wissenschaften.

Daran schließen sich die von seinem Bruder Christian Hansen geplante **Universität** 4 und die von Ernst Ziller und Theophil Hansen gezeichnete **Nationalbibliothek** 5 an, auch sie kopieren die antike Tempelfront. Spätestens jetzt wird deutlich: Das neue Athen des 19. Jh. war eine fast nur von Ausländern erdachte Stadt. Alle drei Bauten nehmen viele Anregungen aus der antiken Architektur auf, wie es damals ja in ganz Europa in Mode war. Dazu gehörten vor allem der flache Dreiecksgiebel über einer Säulenfront.

Odós Panepistímiou #10

Unter Amalias Palmen

Wenn Sie noch intensiver ins Athen des 19. Jh. eintauchen wollen, unternehmen Sie einen kurzen Abstecher zum **Museum der Stadt Athen** 6 an der Platía Klafthmónos. Eins der beiden Gebäude diente König Otto I. und seiner Amalia als erste royale Residenz in Athen, das sich gerade erst vom Dorf zur Kleinstadt entwickelte.

Ein Modell im Museum zeigt den Zustand Athens um 1842. Originalgetreu möblierte Salons demonstrieren den Wohnstil betuchter Bürger jener Zeit. Die Palmen im Garten wurden noch unter Amalias Aufsicht gepflanzt. Heute beschatten Sie auch das idyllische Museumsbistro **Black Duck Garden** 3, wo Sie bei sanfter Musik in Büchern über das historische Athen blättern können.

ÜBRIGENS

Amalia war zwar Prinzessin von Bayern und Königin von Griechenland, stammte jedoch aus dem nordwestdeutschen Oldenburg. Sie selbst soll die Tracht der Evzonen entworfen haben, in der Soldaten noch heute vor dem Grabmal des Unbekannten Soldaten am Syntágma-Platz die Ehrenwache halten.

INFOS/ÖFFNUNGSZEITEN

Numismatic Museum/Schliemann-Haus 1: Odós El. Venizélou 12, T 210 363 20 57, Mo 13–20, Di–So 9–16 Uhr, Eintritt 6 € oder Museumskombiticket
Museum of the City of Athens 6: Odós Paparrigópoulou 5–7, T 210 323 13 87, Mo, Mi–Fr 9–16, Sa/So 10–15 Uhr, Eintritt 5 €, www.athenscitymuseum.gr
Kaufhaus Attica 🛇: Odós Panepistímiou 9, T 211 180 26 00, Mo, Mi–Fr 10–21, Sa 10–19 Uhr, www.atticadps.gr

---

KULINARISCHES FÜR ZWISCHENDURCH

Im **Café am Schliemann-Haus** 1 (Mo–Sa 9–23, So 9–20 Uhr, mittleres Preisniveau) die **Vissináda** probieren, eine Sauerkirschlimonade! Gut essen kann man im Restaurant **Pasají** 2 (Stoá Spirómiliou, T 210 322 07 14, Mo–Sa 13–1.30, So 13–21 Uhr). Im Bistro **Black Duck Garden** 3 sind *Sfakianí pítta* Spitze: kretische Crepes mit Frischkäse, Honig, Walnüssen.

DONNERSTAGS JAZZ

An jedem Donnerstag wird im **Café am Schliemann-Haus** 1 Jazzmusik live gespielt. Das Glas Wein zur Musik kostet 4–6 €.

Cityplan: D–E 4–6 | **Metro** hin Syntágma (M2, M3), **Tram** T4, T5; zurück **Metro** Panepistímiou (M2)

Shoppen mal ganz anders – **das Marktviertel**

Den massenhaften Anblick rohen Fleisches samt Innereien und vieler toter Fische sollten Sie verkraften können, wenn Sie die Athener Markthallen besuchen. Sie mögen dem Anblick vielleicht sogar einen skurrilen ästhetischen Genuss abgewinnen: Die Metzger drapieren ihr Geflügel in militärisch anmutender Schlachtordnung, alle Hühnerköpfe zur gleichen Seite gewandt.

Die Fische wedeln mit den Schwänzen und der Fischverkäufer brüllt. Ein großartig echtes Erlebnis! Aber Achtung: Nicht jeder mag den Fischgeruch!

Doch keine Angst: Diese Tour ist auch dann interessant, wenn Sie Metzger und Fischhändler mit ihrer Ware allein lassen wollen! Zwischen Omónia-Platz und den Städtischen Markthallen ist die griechische Metropole nämlich tagsüber besonders bunt und betriebsam. Hier ist das Athen der kleinen Leute, hier stoßen Kulturen aus aller Welt shoppend aufeinander. Und auch aus der ganz nahen Athener Börse verirrt sich manchmal jemand hierher.

Der Spaziergang beginnt am Omónia-Platz. Der ›Platz der Eintracht‹ ist traditionell der Treffpunkt der einfachen Athener sowie von Immigranten. Immer wieder nehmen hier auch Demonstrationen ihren Anfang. An den Kiosken rund um den Platz sind Athener Lokalzeitungen in den verschiedensten Sprachen erhältlich. Fotogen ist der Platz eigentlich nur von oben gesehen, so etwa von der Cafeteria auf dem Dach des Kaufhauses Hondos Center.

Mönch und Bürgermeister

Vom Omónia-Platz führt die breite Odós Athinás schnurgerade auf die Akropolis zu. Am Anfang werden Ihnen wahrscheinlich an Straßenständen vor allem teure Marken kopierende Billiguhren angeboten; meist steht auch ein Mönch mit allerlei Räucherstoffen auf dem linken Bürgersteig. Gleich darauf sind Sie an der Platía Kotziá, wo rechts das im Jahr 1872 errichtete Athener **Rathaus** 1 steht. Der Bürgermeister residiert in der ersten Etage im einzigen Raum mit Balkon. Am Rathaus flattert außer der griechischen Flagge auch die der Stadt. Auf der Platía finden häufig Veranstaltungen wie Autopräsentationen, Öko- und Büchermärkte und im Dezember auch ein Weihnachtsmarkt statt. Außerdem sind Reste antiker Gebäude und Gräber zu sehen, die Archäologen hier freigelegt haben.

Erst einmal residierte eine Frau im Amtszimmer des Athener Bürgermeisters: Dóra Bakogiánni. Die Tochter des ehemaligen Premierministers Konstantínos Mitsotákis hatte das Amt von 2002 bis 2006 inne, danach war sie bis 2009 griechische Außenministerin. Durch ihren Lebenslauf ist sie mit Deutschland verbunden: sie besuchte die deutschen Schulen in Athen und Paris, studierte später an der Münchener Maximilians-Universität.

International am Gemüsemarkt

Ihr nächstes Ziel ist der städtische **Gemüsemarkt** 2 auf der rechten Seite der Odós Athinás. Sie sollten ihn einmal ganz umrunden und dabei vor allem auf die festen Geschäfte auf seiner Nordseite achten. Da werden isländischer und norwegischer Stockfisch, kanadische Räucherheringe, Sauerkraut aus Baden-Württemberg, Walnüsse aus Moldawien und Wurst von der Insel Mýkonos, aus Armenien, Russland und vor allem aus Polen angeboten. Seit Neuestem stehen vor den meisten Wurstläden auch kleine Probiertische, an denen Sie sich kostenlos bedienen können.

#11 Marktviertel

Hartgesotten und olfaktorisch unempfindlich muss man für die Arbeit im Fischmarkt schon sein …

Die Markthallen werden auch nach ihrem Stifter **Varvakeíos-Markt** genannt. Ioánnis Varvákis war ein typischer erfolgreicher Grieche seiner Zeit. 1745 auf Psará in der Nordostägäis geboren, lebte er meist im Ausland und starb 1825 auf der Insel Zákinthos. Mit 17 ließ er sich sein erstes Schiff bauen, mit dem er später die russische Admiralität im Krieg gegen die Türken unterstützte. Zarin Katharina II. dankte es ihm mit der Ernennung zum Marineleutnant und dem Recht zur zollfreien Fischerei im Kaspischen Meer. Varvákis wurde zum größten Kaviarhändler seiner Zeit, beschäftigte mehr als 3000 Mitarbeiter. Große Teile seines Vermögens investierte er ab 1821 in den griechischen Freiheitskampf. In seinem Testament konnte er trotzdem noch 1 Mio. Rubel für den Bau der Markthallen in Athen spendieren.

Für Vegetarier der Vorhof der Hölle

In den 1879–1880 aus dem Nachlass das Kaviarhändlers Varvakeíos gestifteten Markthallen, der **Kentrikí Agorá** 2, wird traditionell nur mit Fisch und Fleisch gehandelt. An den Außenfronten befinden sich Läden, die vor allem Käse, Nüsse, Kräuter, Honig, Wein und Ökolebensmittel verkaufen.

Hinter den Fleischständen halten heute große Gefrierschränke die Vorräte frisch. Sonst aber ist vieles geblieben, wie es schon vor Jahrzehnten war. Koteletts, Pansen, ganze Kuhköpfe und Rinderfüße fein säuberlich sortiert, selbst die vielen Innereien wie Leber und Nieren lassen einen Sinn für Händlerästhetik erkennen. Wie beim Fleisch ist auch beim Fisch, der in separaten Hallen gehandelt wird, die Herkunftsangabe besonders wichtig. Der griechische Käufer will genau wissen, aus welchem Staat oder – besser noch – aus welcher griechischen Region die Tiere stammen.

Die Fischvielfalt gereicht Hobbytauchern als Unterrichtseinheit, stets frisch mit Wasser besprenkelt, ist ihr Anblick aber auch für andere ein Genuss. Wer mehr einkauft als geplant, findet an den Ausgängen ambulante Händler, die nichts anderes als blaue Plastiktüten verkaufen. Losverkäufer bieten das äußerliche Glück, Nonnen und Popen denken hier auch ganz irdisch. Über allem hängt ganzjährig die Weihnachtsdekoration, die freilich nur im Dezember eingeschaltet wird.

Noch mehr Märkte

Jenseits von Gemüsemarkt und Markthallen setzt sich das Marktgeschehen in der Odós Athinás Richtung Monastiráki-Platz fort. Jetzt werden Sie vor allem fündig, wenn Sie auf der Suche nach Berufsbekleidung und Werkzeug sind. Am Monastiráki-Platz stehen Sie dann am Eingang zu Athens

Marktviertel #11

INFOS/ÖFFNUNGSZEITEN

Gemüsemarkt 🛍 **und Fleischmarkt in der Kentrikí Agorá** 🛍: Mo–Sa 4–14 Uhr
Fischmarkt in der Kentrikí Agorá 🛍: Mo–Do 6–15, Fr/Sa 6–18 Uhr

---

KULINARISCHES FÜR ZWISCHENDURCH

Wenn ›heftig und deftig‹ heute Ihre Devise ist, kehren Sie in eine der Tavernen in der **Fleischmarkthalle in der Kentrikí Agorá** 🛍 ein. Abstand vom Heftigen findet man im ganz modernen, künstlerisch gestalteten **Café 77** ❶ (Odós Evripídou/Ecke Odós Eólou 77). Gleich nebenan, im **Krínos** ❷ (Odós Eólou 87), bekommen Sie die Teigkrapfen Loukoumádes und Bougátsa, eine Strudelteigtasche mit Grießpuddingfüllung. Nicht nur des grandiosen Ausblicks, sondern auch der erstklassigen Cocktails wegen empfiehlt sich das Dachgarten des **A for Athens** ✳ (Odós Miaoúli 2–4, T 210 324 42 44, www.aforathens.com). Unter einfachem Volk sitzen Sie im **Kafenío Dípylo** ❸ (Odós Astíngos 18/ Odós Thissíon, tgl. ab 8 Uhr).

Cityplan: B–C 3–5 | Metro hin Omonia (M1, M2), zurück Monastiráki (M1, M3)

Flohmarktviertel 🛍, wo die Marktatmosphäre auch gut, aber sehr viel touristischer ist. Erst einmal wird Ihnen ohnehin nach einer Pause zumute sein. Am besten fahren Sie am Platz erst einmal mit dem Lift auf den Dachgarten **A for Athens** ✳ hinauf. Von da können Sie noch einmal aus der Vogelperspektive Richtung Startpunkt Omónia-Platz blicken.

➤ UM DIE ECKE

Im **Viertel** ❷ rechts der Odós Athinás hinter dem Rathaus finden Sie besonders viele asiatische Lebensmittelgeschäfte, Imbissbuden, Restaurants und sogar Barbiere. Da kostet ein Haarschnitt nur etwa 40 Prozent von dem, was ein einfacher griechischer Billigfrisör verlangt – und eine Kopfmassage gibt es meist kostenlos dazu.

Der Weg zum Ich – **Archäologisches Nationalmuseum**

Statuen und Stelen, Reliefs, Friese, Vasen ... aber die Antike muss nicht langweilig sein! Beim Rundgang kann man sich auf die Eyecatcher konzentrieren. Doch widmen Sie sich besser einem besonderen Thema. Mein Vorschlag: die Entwicklung von Menschen- und Tierdarstellungen über die Jahrhunderte.

Das **Archäologische Nationalmuseum** 1 ist das größte und bedeutendste Museum Griechenlands, dort sind Kunstwerke aus über 5000 Jahren versammelt. Mit der Jungstein- und der Bronzezeit geht es los, in den Sälen 3 bis 6 gleich gegenüber dem Museumseingang. Gehen Sie zunächst in den rechten Saal (6) und wenden Sie sich gleich nach rechts. Sie stehen vor modern anmutenden Marmorskulpturen, die 4000 bis 5000 Jahre alt sind.

Schön und gut. Kalos kai agathos – das war der Wunschtraum der Philosophen. Über gut kann man streiten, aber schön konnten die antiken Griechen den Menschen tatsächlich darstellen.

Archäologisches Nationalmuseum #12

Diese sogenannten **Kykladen-Idole** sind schematisch, zeigen keine individuellen Züge. Meist sind sie weiblich, betonen Brüste und Schamdreieck, haben einen phallusförmigen Hals. Besonders auffällig ist das 1,52 m hohe Idol an der Schmalseite des Saals. Alle diese Idole scheinen Fruchtbarkeitssymbole gewesen zu sein. Es gab aber vereinzelt auch schon Darstellungen handelnder Menschen. Das beweisen ein Harfen- und ein Doppelflötenspieler in einer Vitrine an der Außenwand des Saales.

Erste Individuen?

Vor etwa 4000 Jahren lernten die Menschen, Metall zu verarbeiten. Davon zeugt der große Mittelsaal (4) mit seinen Objekten aus der mykenischen Epoche (ca. 1600 und 1200 v. Chr.). Waffen aus Metall waren im Krieg effektiver und förderten das Aufkommen starker Herrscherpersönlichkeiten, die in der mykenischen Welt in prächtigen Grabbauten beigesetzt wurden.

Da werden Frauen nachdenklich. Was Männer alles erfinden, um sich gegenseitig totzuschlagen …? Die Schwerter sind echt. Und an allen klebte einst Blut.

Wie in Ägypten legte man den Gesichtern dieser Herrscher oft goldene Totenmasken auf. Sie scheinen individuell angefertigt zu sein, sind schon erste – wenn auch idealisierte – Porträts der Herrscher. Am berühmtesten ist die **Totenmaske des Agamemnon.** Neu sind in dieser Epoche auch szenische Darstellungen wie die Freskenreste, die drei Esel zeigen, die eine an einem Seil befestigte Jagdbeute tragen.

Aufkommendes Körperbewusstsein

Durchs Foyer geht es in den Hauptbereich des Museums. Gleich im ersten Saal (7) stehen rechts einige **Keramikgefäße aus der Geometrischen Zeit** (ca. 900–700 v. Chr.). Sie belegen, dass mit dem Zusammenbruch der mykenischen Hochkultur das Wissen jener Epoche verloren ging. Die Gefäße sind mit geometrischen Motiven wie Linien, Mäandern und Rhomben überzogen.

Eine spätgeometrische Grabamphora aus der Zeit um 760 v. Chr. steht für erneute erste Versuche von Menschendarstellungen. Doch noch wirken die Szenen einer Totenklage äußerst schematisch, die Einzelpersonen sind stark stilisiert.

Im selben Saal begegnen Sie dann ersten **Monumentalskulpturen** im Dädalischen Stil des 7. Jh. v. Chr. Die starr stehenden oder sitzenden Figu-

ÜBRIGENS

Warum hasst man Archäologen in Griechenland? Sie besitzen dort ungleich mehr Macht als in Westeuropa. Ihre Arbeit ist bedeutsam für die kulturelle Identität der Hellenen, stützt deren Nationalstolz ungemein. Deshalb schätzt man sie – eigentlich. Genauer: möglichst woanders. Denn sie können jedes genehmigte und begonnene Bauvorhaben unendlich verzögern oder gar vollständig lahmlegen. Auch deshalb gibt es in Athens historischem Zentrum so wenige nachklassizistische Neubauten.

#12 Archäologisches Nationalmuseum

Das ist er! Agamemnon! Der Führer der Griechen gegen Troia. Der Vater, der seine Tochter den Göttern schlachtete. Der die Trojanerin Briseis vergewaltigte, aber nicht nur die. Der so grauenvoll war, dass ihn seine eigene Frau ermordete ... Aber zähmen Sie Ihre Wut! Denn dies ist nur seine Totenmaske. Und die entstand 300 Jahre vor seiner Lebenszeit.

ren tragen lange Röcke, aus denen nur die Füße herausschauen, der menschliche Körper ist noch nicht ausgearbeitet.

In den nächsten Sälen (8–12) sind für die archaische Zeit im 6. Jh. v. Chr. typische, monumentale Jünglingsstatuen zu sehen, die jedes moderne Fitness-Studio werbewirksam schmücken würden. Bei diesen **Kouroi** sind die nackten Gliedmaßen und Körper schon deutlich herausgearbeitet. Nur die frontale Haltung wirkt noch sehr starr, individuelle Gesichtszüge fehlen.

Aber immerhin zeigen einige Figuren auch schon eine erste Gemütsregung: das berühmte archaische Lächeln. Aufgestellt waren die meterhohen Kolosse meist in Heiligtümern für den Gott Apollon. Weil sie bei der Bearbeitung leicht Sprünge bekommen konnten, wurden sie direkt in den Steinbrüchen hergestellt und erst danach zum Aufstellungsort transportiert.

Von aller Starrheit befreit

In der klassischen Zeit (480–330 v. Chr.) wirken die Skulpturen von aller Starrheit befreit. Die Griechen hatten sich philosophisch und gesellschaftlich bereits auf den Weg der Bewusstseinsfindung gemacht, den entscheidenden Impuls

---

INFOS/ÖFFNUNGSZEITEN
National Archaeological Museum 1: 28is Oktovriou 44, April–Okt. Mo 13–20, Di–So 8–20 Uhr, im Winter reduzierte Öffnungszeiten (s. Website), Eintritt 10 € oder Museumskombiticket, www.namuseum.gr, geschl. am 1. Jan., 25. März, Ostersonntag, 1. Mai, 25./26. Dez.

KULINARISCHES FÜR ZWISCHENDRIN
Die recht preisgünstige **SB-Cafeteria** 1 des Museums befindet sich im Kellergeschoss, das sich zu einem grünen Innenhof hin öffnet. Wenn Sie beim Museumsrundgang eine Pause einlegen möchten, gehen Sie einfach aus Saal 17 die Außentreppe in den Innenhof hinunter. Das große **Café Garden** 2 (tgl. ab 9 Uhr) auf dem Museumsvorplatz ist fast doppelt so teuer und auch nicht gemütlicher.

Cityplan: D–E 1–2 | **Metro** Victoria (Linie 1)

dafür hatte vermutlich der Sieg über die Perser 479 v. Chr. geliefert.

Ein Musterbeispiel für die Anfangsphase, den ernsten Stil der Jahre von 479 bis 460 v. Chr., ist die **Bronzestatue des Zeus oder Poseidon** in der Mitte von Saal 15. Ein starker Wille wird in seinen Gesichtszügen deutlich, die Formung des Körpers zeugt von der bewussten Wahrnehmung des Ichs durch den Menschen und zugleich von seinem Hang, sich durch Idealisierung Ziele zu setzen.

Im nächsten Saal (16) zeigen Reliefs auf Grabstelen und Gefäßen, was die Klassik ausmacht: eine stärkere Individualisierung, bei der die Figuren aber stets ihre Würde bewahren. Als schönstes Beispiel gilt die **Grabstele der Hegeso** in Saal 18 vom Ende des 5. Jh. v. Chr.: Besser kann man Trauer als tiefe Gemütsregung kaum darstellen.

Der Einzelne wird wichtig

Mit Alexander dem Großen verlieren die demokratischen Stadtstaaten Griechenlands ihre Unabhängigkeit. Alexander wird zum vergötterten ›Weltenherrscher‹. Ein Einzelner hat über alle Gemeinschaften gesiegt. Auch in der Kunst gewinnt das Individuum nun noch größere Bedeutung. Saal 30 zeugt davon mit drei **Porträtköpfen** in Bronze.

In römischer Zeit (146 v. Chr. bis Ende des 6. Jh. n. Chr.) lässt dann jeder Bürger von Rang und Namen Statuen oder zumindest Porträtköpfe von sich anfertigen (Säle 41–45). Der Kopf wird bedeutsamer als der Körper. Das geht so weit, dass Statuen für austauschbare Köpfe gefertigt werden. Aus einem alten Körper mit einem neuen Kopf wird ein neuer Kaiser. Irgendwie fühle ich mich an moderne Wahlkampfplakate erinnert.

→ **UM DIE ECKE**

Während der Flüchtlingskrise 2015/16 war die **Platía Viktorías** vor der Metrostation Viktoria Athens größtes wildes Flüchtlingscamp. Wenn Sie nachschauen wollen, wie es dort heute aussieht, überqueren Sie die breite Straße vor dem Museum, wenden sich nach rechts, biegen nach links in die Odós Ioulianoú, passieren das Hellenic Motor Museum und gehen nach rechts durch die Odós 3is Septemvríou.

▶ **INFOS & LESESTOFF**

Kunstsinnig? Einen kurzen und doch guten Überblick über die antike griechische Kunst gibt auf 127 Seiten Tonio Hölschers Büchlein **Die griechische Kunst,** erschienen für nur 8,95 € im Verlag C.H. Beck.

Eine Schulklasse lernt griechische Geschichte anhand antiker Statuen. Sehr anschaulicher Unterricht, immerhin …

#13

Der Heilige mit dem Hundekopf – **Byzantinisches Museum**

Schon Dichterfürst Goethe verstand nichts von den »Heiligenbildern der Griechen«, die er in Venedig sah, und machte sich ein wenig lustig über sie. In Griechenland hängen Ikonen überall. Und in diesem Museum werden Sie vielleicht schlauer als er, dem diese Informationsquelle nicht zur Verfügung stand.

Der erste Teil des **Byzantinischen und Christlichen Museums** 1 ist architektonisch besonders gelungen. Der Besucher wird vom Museumshof über mehrere Ebenen aufs eigentliche Ausstellungsniveau geführt. Gleich links (in 1.1) sind zwei **Öl-Hängelampen** bemerkenswert: Sie tragen das Christogramm aus den griechischen Buchstaben Chi und Rho (XP) als Abkürzung für Christus und die apokalyptischen Buchstaben Alpha und Ome-

Schälchen und Krüge braucht man doch immer! So ist auch der Alltag des griechischen Mittelalters im Byzantinischen Museum präsent.

ga für seine Zeitlosigkeit. Der Fisch selbst ist ebenfalls ein Christussymbol: Auf Altgriechisch heißt der Fisch *Ichthys* (ΙΧΘΥΣ). Die fünf Buchstaben lassen sich nämlich auch als Abkürzung für ›Jesus-Christus-Gott-Sohn-Retter‹ interpretieren.

Orpheus und Jesus

Nur wenige Schritte entfernt (auch noch 1.1) zeigt ein Relief auf einem steinernen Tischbein aus dem 4. Jh. **Orpheus,** der sitzend seine Leier spielt und damit zahlreiche Tiere anlockt. Orpheus wurde von den frühen Christen, die die antiken Mythen ja noch gut kannten, als ein frühes Bild für Jesus angesehen. Wie Orpheus durch seine Musik die Tiere anlockt, so zieht Jesus durch seine Worte die Menschen an.

Symbolische Bildsprache

Besonders bemerkenswert ist danach ein Relief aus dem 4./5. Jh., das **Jesu Geburt** zum Thema hat (in 1.3). Es wurde auf der Insel Náxos gefunden und besticht durch seine Konzentration aufs Wesentliche, die der frühchristlichen Kunst zu eigen war. Zu sehen sind nur das auf einer Art Altar zwischen zwei Bäumen liegende Kind, ein Ochse und ein Esel. Diese beiden Tiere stehen stellvertretend für Judentum und Heidentum und bezeugen durch ihre Anwesenheit, dass sie die Weltherrschaft des neugeborenen ›Menschensohns‹ anerkennen.

Interessant ist nun ein Vergleich mit einem **Relief aus dem 13. Jh.** (BXM 1105 in 2.6), welches das gleiche Thema hat. Hier ist nun zu den Dreien noch Maria hinzugekommen, weil die Marienverehrung inzwischen große Bedeutung erlangt hatte. Trotzdem wirkt das Relief noch wie ein romanisches Kunstwerk – die katholische Kirche hatte sich ja erst kurz zuvor von der orthodoxen abgespalten. In der nächsten Kunstepoche, der Gotik, werden entsprechende Darstellungen im Westen sehr viel figurenreicher. Diese Entwicklung beeinflusst wiederum die orthodoxe Sakralkunst.

Die heilige Jungfrau

Im ersten Raum der Ikonenausstellung sind Marienbildnisse besonders stark vertreten. Wir sind jetzt bereits im hohen und späten Mittelalter, die Herrschaftsverhältnisse sind klar: Männer regie-

ÜBRIGENS

Schon mal die Limonaden der Marke Loux auf der Getränkekarte gefunden? Die Herstellerfirma spendet von jeder verkauften Flasche ein paar Cent an das Bistum Athen und unterstützt so dessen soziales Engagement. Zwar spielt die Nächstenliebe eine relativ geringe Rolle in der orthodoxen Theologie, denn das Seelenheil ist ihr wichtiger als das irdische Wohlergehen. Trotzdem kommt der Kirche gerade in diesen Krisenzeiten eine gewisse Bedeutung zu. Einzelne Gemeinden und Klöster des Bistums Athen engagieren sich heute stark in der Betreuung verarmter Griechen und auch in der Flüchtlingshilfe.

#13 Byzantinisches Museum

Wer etwas über griechische Religiosität lernen möchte, geht ins Byzantinische Museum.

ren weithin die Welt. Nur im Himmel nimmt eine Frau eine große Machtstellung ein: Jesu Mutter Maria als Fürsprecherin der Menschen. Sie scheint nahbarer als Jesus selbst, der inzwischen vielleicht zu oft enttäuschte. Rührend ist die Darstellung der **Panagía Glykophíloussa** aus dem späten 13. Jh. (BMX 900 in 2.3): Maria liebkost ihr göttliches Kind. Mütter haben halt ein Herz für kleine Menschen.

Von Theologen und Kunstwissenschaftlern werden die unterschiedlichsten Mariendarstellung typologisiert. So gibt es neben der ›Liebkosenden‹ auch eine ›Wegweisende‹, die **Panagia Hodegítrias** (BXM 989 in 2.3). Da weist Maria auf ihren Sohn als einzigen Weg zum Heil. Gekennzeichnet wird sie immer durch vier Buchstaben links und rechts über ihrem Kopf. Sie bilden die Abkürzung für ›Mitéra Theotókou‹, was man als ›Mutter Gottesgebärerin‹ übersetzen kann. Die Benennung von Dargestellten ist übrigens ein typisches Merkmal von Ikonen.

Als welcher Typus Maria aber auch dargestellt wird, gewisse Attribute zeigt sie fast immer. So ist sie normalerweise in ein Mariophórion gewandet, das Kopf, Hals und Körper zugleich bedeckt. Als Zeichen der Verschlossenheit soll es die jungfräuliche Geburt bezeugen. An der Stirn und auf den Schultern ist das Gewand mit einer sternförmigen Brosche geschmückt. Die hat zum Vorbild

INFOS/ÖFFNUNGSZEITEN

Byzantine and Christian Museum 1: Leofóros Vasilíssis Sofías 22, T 210 723 15 70, www.byzantinemuseum.gr, Mo 12–20, Di–So 8–20 Uhr, Eintritt 8 € oder Kombiticket, rudimentärer Museumsführers auf www.ebyzantinemuseum.gr

KULINARISCHES FÜR ZWISCHENDRIN

Im **Ilissia** 1 (9–20 Uhr), dem Café und Bistro des Museums mit großer Terrasse und Blick ins Grüne, werden neben Kaffee und Kuchen auch leichte Mahlzeiten serviert, etwa »Chicken Gnome«, ein mit Gemüse gefülltes Hühnchen.

Cityplan: G–H 5–6 | **Metro** Evangelismos (Linie 3)

Zwischen Heiligen und Mariendarstellungen wandeln – die Ikonenausstellung im Byzantinischen Museum.

den Spica, den hellsten Stern im Sternbild – ja, welchem wohl – der Jungfrau!

Ein zu schöner Mann

Das erstaunlichste Ausstellungsobjekt im ganzen Museum ist vielleicht eine Ikone des auch im Westen als Schutzheiliger der Reisenden bekannten **hl. Christophorus** (in 4.3). Auf dieser Ikone ist er mit einem Hundekopf dargestellt. Einer Legende zufolge ist der hünenhafte frühchristliche Märtyrer des 3./4. Jh. so schön gewesen, dass er sich der Zuneigung der Frauen kaum erwehren konnte. So wie sich in der Antike von Vergewaltigern verfolgte Mädchen von göttlichen Kräften in Felsen oder Pflanzen verwandeln ließen (Daphne z. B. in einen Lorbeerstrauch), bat auch Christophorus Gott um Hilfe. Der setzte ihm einen Hundekopf auf und löste damit das Problem des späteren Heiligen.

Kulturgeschichtlich stammt diese Form der Darstellung des Heiligen aber wohl eher aus dem frühchristlich-ägyptischen Raum, wo die altägyptischen Gottheiten ja auch manchmal Tierköpfe trugen – so der falkenköpfige Horus, der ibisköpfige Thoth oder der ebenfalls hundsköpfige Anubis. Womit wir wieder beim Einstieg in den ersten Ausstellungsebenen wären: Die frühen Christen wollten auf liebgewordene Darstellungsformen eben auch nicht ganz verzichten.

▶ **INFOS & LESESTOFF**

Helmut Fischer ist ein protestantischer Theologieprofessor, der selbst Ikonen malt. Er hat mit **Die Welt der Ikonen** die beste deutschsprachige Einführung zu Ikonen geschrieben. Geschichte und Formen werden in diesem Taschenbuch des Insel Verlags ebenso verständlich beschrieben wie die theologischen Inhalte.

→ UM DIE ECKE

Doch lieber zeitgenössische Kunst? Dann fahren Sie eine Station mit der Metro von Evangelismós nach Syntágma. In der **Station Evangelismós** 2 erwartet Sie das Wandobjekt »Mott Street« der Künstlerin Chryssá. In der **Station Syntágma** 3 können Sie die Deckeninstallation »Atrium« von George Zoggolópoulos und die Skulptur »The Metro´s Clock« von Thódoros in Augenschein nehmen.

Alles Top! – **Kolonáki und Lykavittós**

Hier will jeder hoch hinaus oder ist schon weit oben angekommen. Geschäftsleute mit schickem Büro oder Edelboutique – Sie selbst mit Seitenblicken in Cafés und Geschäfte auf dem Weg hinauf auf den höchsten Berg der Athener Innenstadt. Auf dessen Gipfel wacht der hl. Georg über das irdische Treiben.

Kolonáki gilt als Edelviertel in Athens Innenstadt. Doch einen Hauch von Eleganz sucht man vergeblich, von Romantik keine Spur, man möchte in keinem der Häuser hier wohnen. Trotzdem sind die meisten griechischen Firmen darauf bedacht, ihren Hauptsitz in diesem Viertel zu haben, empfinden Klienten die Kolonáki-Adresse eines Anwalts als höchste Empfehlung. Dabei ist auch noch die Verkehrs- und Parkplatzsituation äußerst angespannt, sind die Bürgersteige extrem schmal. Aber die ›feine Adresse‹ zählt – wie anderswo auf Erden auch!

Hautevolee

Mittelpunkt des Viertels ist die Platía Kolonáki, die offiziell Platía Filikís Eterías heißt. Dort liegen die Cafés, in denen man sitzen muss, um gesehen zu werden. Mehr Krawattenträger als hier sind sonst in Athen nur noch bei Staatsempfängen anzutreffen. Autoschlüssel, Sonnenbrillen und Smartphones liegen auf den Tischen; man zeigt, was man hat. Wollen Sie hier ein wenig mitspielen? Dann genießen Sie im **Café Soirée** ❶ in der Odós Tsákalof Champagner zu Austern und Meeresfrüchten. Danach biegen Sie in die nächste Straße nach rechts ein und gleich wieder rechts, kurz durch die ›Apfelsinenallee‹ Odós Anagnostópoulou zurück zur Platía und hinein in den Bus der Linie 60. Der fährt durch enge Straßen hinauf an den Fuß des nackten Lykavittós-Felsens.

Durchs Dunkel ans Licht

69 Stufen führen von der Haltestelle 4H Likabittoy zur Talstation der von den Griechen *teleferík* genannten Standseilbahn auf den Lykavittós. Bis zur Bergstation verlaufen die Schienen durch einen Tunnel. Die beiden Wagen begegnen sich nach

Dass nicht ganz Griechenland verarmt ist, merken Sie in Kolonáki besonders gut. Aber ein Grieche verdient im Monat durchschnittlich nur 1421 € brutto (ein Deutscher hingegen 3.308 €). Bei dieser Berechnung sind Millionenverdiener inbegriffen: Die Hälfte aller abhängig Beschäftigten in der Privatwirtschaft kommt im Jahr nur auf 9000 € brutto – und zahlt davon noch rund 950 € Lohnsteuer. Die Durchschnittsrente beträgt im Monat gar nur 723 €. Ein Programm wie Hartz 4 gibt es in Hellas nicht – wer kein Geld mehr hat, der landet auf der Straße statt im Straßencafé.

etwa einer Minute in der Mitte des Tunnels auf einem kurzen zweigleisigen Streckenabschnitt. Sie sind mit einem zwischen den Schienen verlaufenden Drahtseil verbunden, das in der Bergstation über eine Seilscheibe geführt wird. Beide Wagen halten sich am Seil in etwa im Gleichgewicht, sodass ein schwacher, umweltfreundlicher Elektromotor als Antrieb ausreicht.

Schöner Spaziergang gefällig?

Auf dem Gipfel des **Lykavittós** 1 ist die kleine weiße Kapelle ist den ganzen Tag über geöffnet, duftet herrlich nach Weihrauch und ist dem hl. Georg geweiht. Der ist u. a. der Schutzheilige der Streitkräfte, und deswegen ist er hier: Einst soll tief unter der Kapelle im Fels Munition gelagert worden sein.

Schön ist anschließend ein Spaziergang vom Gipfel hinunter nach Kolonáki. Der gepflasterte Weg wird von Agaven mit ihren markanten, meterhohen Blütenstengeln gesäumt. Wo er auf die Straße trifft, wenden Sie sich nach rechts und kommen am Luxushotel St. George Lycabettus und dem Sommerkino des Viertels vorbei über die Platía Dexaménis wieder zurück zum Kolonáki-Platz. Jetzt haben Sie sich wirklich eine Kaffeepause dort verdient!

Shoppen und ... Kolonáki wirkt wie ein Paradies, in dem es an nichts fehlt. Es ist schick und Champagner gibt's auch. Da fällt der erbärmliche Zustand vieler Bürgersteige kaum ins Gewicht.

BUS UND TELEFERIK

Bus 60 fährt gegenüber vom Café Péros an der Platía Kolonáki auf der anderen Straßenseite ab. Die **Standseilbahn** verkehrt von 9 bis 2.30 Uhr mind. halbstündlich, Einzelfahrt 5 €, Rückfahrticket / € (www.lycabettushill.com).

KULINARISCHES FÜR ZWISCHENDRIN

Das **Café Soirée** 1 (Tsákalof 2, T 210 360 85 91, tgl. 9–2 Uhr) ist der richtige Ort, um sich dazugehörig zu fühlen. Von der Terrasse des **Orizóntes** 2 (T 210 722 70 65, www.orizonteslycabettus.gr, tgl. ab 12 Uhr) auf dem Lykavittós hat man einen grandiosen Blick über Athen (6-Gänge-Menü für ca. 30 €).

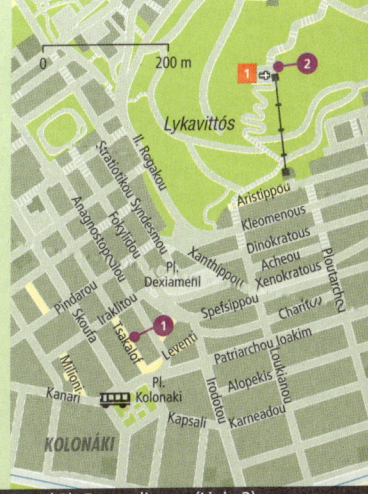

Cityplan: F–G 4–5 | **Metro** Syntágma (Linie 2 und 3), Evangelismos (Linie 3)

15

Kleine Schiffe, große Schiffe – **Piräus**

Mit dem Namen Piräus verbindet man das Schiff, das kommen wird, erwartet Hafenromantik und anrüchig-romantische Kneipen, hat vielleicht sogar Anthony Quinn als Aléxis Sorbás vor Augen. Vergessen Sie's! Schiffe gibt es zwar zuhauf, aber SB-Theken haben die Piraten-Wirte ersetzt.
▼ **Trotzdem kann Piräus ein Erlebnis sein.**

Der eine hastet aufs Schiff, der andere träumt von fernen Inselwelten. Dabei hat Piräus doch auch einiges zu bieten.

Sie beginnt an der Endstation der Metro. Zunächst gilt es, dicke Pötte zu sehen. Sie steigen aus dem Zug, gehen zum Gleisende, verlassen die Bahnhofshalle nach links und wenden sich sogleich nach rechts. Falls die Fußgängerbrücke über die breite Uferstraße wieder freigegeben ist, benutzen Sie die, sonst überqueren Sie die Straße an der nächsten Ampel. Ein paar Schritte weiter nach links stehen Sie auf dem Hafenplatz, der **Platía Karaïskaki** 1. An seiner Ostseite, auf der Sie den Platz erreichen, sehen Sie die Endhaltestelle der Buslinie 904. Die brauchen Sie demnächst.

Zuerst aber gehen Sie zur Spitze des Kais, umrunden dabei das Hafengebäude. Hier offenbart sich die gesamte Vielfalt der griechischen Fährflotte. Nahezu drei Viertel aller etwa 100 ständig bewohnten griechischen Inseln werden von hier aus angelaufen. Am fernen linken Ende des Hafenbeckens machen die immer gigantischer werdenden Kreuzfahrtschiffe fest.

Unters Volk mischen: Bus 904

Stattdessen geht es jetzt mit Bus 904 weiter, am besten an einem Fenster auf der rechten Seite. 20 Minuten lang kurvt er durchs unspektakuläre Piräus, vorbei an Theater, Metro-Baustellen und dem großen historischen Mädchenwaisenhaus Chatzkyriakó aus dem 19. Jh. Nahe der Landspitze der Halbinsel, auf der Piräus erbaut wurde, kommt der Bus wieder auf eine Uferstraße, die Aktí Themistokléous. Jetzt sehen Sie endlich auch Frachter und Tanker, die draußen auf Reede liegen, und sogar einen Zipfel der Insel Sálamis, die der berühmten Seeschlacht von 480 v. Chr. ihren Namen gab.

Am Meer isst man Fisch am liebsten. Salz in der Luft und am Gaumen. Wellen, Möwen, Ouzo. Und ganz viel Zeit zum Genießen.

Meine Lieblingsbucht

Nach etwa 20 Minuten Fahrt steigen Sie an der Haltestelle **Limanáki** 2 aus. Im ›Häfchen‹ liegen nur kleine Boote, vielgeschossige Wohnhäuser stehen um die Bucht herum. Zwei Tavernen und ein Supermarkt sind die einzigen Spuren von Kommerz. Direkt am Wasser wehen die griechische und die byzantinische Flagge vor der weißblauen Kapelle des hl. Nikolaus, des Schutzheiligen der Seeleute und Fischer. Rings um den Minifjord sind stattliche Überreste der Stadtmauer samt rechteckigen Türmchen aus dem 5. Jh. v. Chr. erhalten, wirken wie gute Landschaftsarchitektur. Sitzbänke fordern zum Bleiben auf, um den Schiffsverkehr zu verfolgen.

Nicht wundern, wenn der Begriff Piräus in Athen nirgendwo zu finden ist. Auf Griechisch heißt der Ort heute Pireás – und ist auch so ausgeschildert.

Also geht es irgendwann mit Bus 904 weiter, vorbei am Amtssitz des orthodoxen Bischofs von Piräus (Hausnr. 190) und der **Sfakáki-Bucht** 3, die wiederum Relikte der antiken Stadtmauer zieren. Kurz darauf steigen Sie an der Haltestelle Plaz aus. Hier pflegt die Gemeinde vor der Südmole des großen Yachthafens Zéa Marína sogar einen kleinen Badestrand, den fast ausschließlich Einheimische nutzen. Hafenseitig duckt sich jenseits der Südmole das **Nationale Schifffahrtsmuseum** 4

#15 **Piräus**

ÜBRIGENS

Sie schauen auf die Schiffe im Hafen und fragen sich: Wo fahren die wohl hin? Dann sofort die App MarineTraffic aufs Handy ziehen, die übrigens von Griechen entwickelt wurde. Sie verrät Details zu den Schiffen und auch, woher sie kommen, wohin sie fahren. Vielleicht wollen Sie dann ja auf irgendeinem als Smutje anheuern!

Dieser Herr verkauft seine Uhrensammlung auf dem Flohmarkt von Piräus. Wahrscheinlich hat er inzwischen genügend Zeit. Wo Sie ihn finden? Der Flohmarkt ist an der Endstation der Linie 1, am Sonntag ist hier am meisten los.

unter die Ufermauer. Hier können Sie an einem Modell den Verlauf der berühmten Seeschlacht von Sálamis studieren, an die Sie ja vorhin schon der Anblick der Insel erinnert hat.

Yachten statt Steuern

Sie gehen nun die Uferstraße entlang bis zur großen Platía Kanári. In der **Gázi College Eatery** ❶ gibt es zum teuren Kaffee ein Schnapsglas voller bunter Smarties, zwei Lokale weiter kredenzt die **Birraria Bibere** ❷ Craft-Biere aus verschiedenen Mikrobrauereien Griechenlands. Dazu werden auch deutsche Brezeln serviert. Irgendwie gestärkt, spazieren Sie nun weiter an der **Zéa Marína** ❺ entlang, an der 670 Yachten Liegeplätze finden. Bis zu 120 m dürfen sie lang sein, 9 m Tiefgang haben. An den meisten wehen die Flaggen von Steuerparadiesen.

Nach zehn Minuten sitzen Sie auf der Terrasse des Restaurant-Cafés **Bouboulina** ❸. Benannt ist es nach einer griechischen Heldin aus den Freiheitskriegen 1821–1829. In der Ferne ragt der Ymittós über 1000 m hoch auf, ganz nah vor sich sehen Sie an seinem Mast erkennbaren Yachtclub, der bis 1974 königlich war. Und direkt vor Ihnen wehen die rotweißen Flaggen des Fußballvereins von Piräus, Olympiakós.

Lektüre am Meer

Direkt vor dem Bouboulina können Sie an der Haltestelle Aléxandros in den Trolleybus Nr. 20 ein- und drei Stopps weiter an der Haltestelle Kastela Mikrolímano wieder aussteigen. Gehen Sie 50 Schritte zurück, biegen Sie an der Kirche nach links unten ab und Sie stehen am exklusivsten Hafen von Piräus, dem **Mikrolímano** ❻. Der ›Kleine Hafen‹ wird von Edelrestaurants und schicken Lounges gesäumt, aber auch simple Gyrosbuden sind landseitig zu finden. Ich sitze hier am liebsten in der Weinbar **Charlotte** ❹ mit Klavier und Bücherregalen; das Bier wird aus einer Zapfsäule in Saxofon-Form gezapft.

Ganz relaxt bummeln Sie anschließend weiter bis zur Tram. Am nördlichen Ende des Mikrolímano folgen Sie zunächst der trostlosen Straße, nehmen dann die zweite Brücke über den Fluss, folgen dem Weg durch einen kleinen Park und stehen schließlich vor einer Kirche. Die wird im

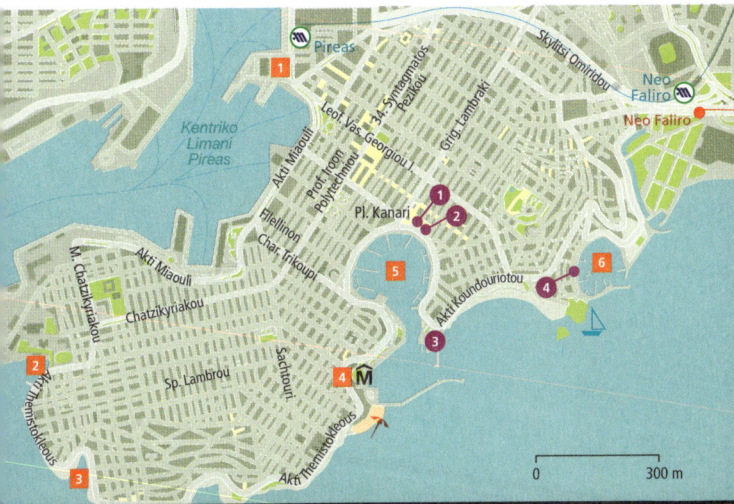

Cityplan: Karte 2, aA–aF 1–4 | **Metro** hin M 1 (Pireas), zurück Tram T4

BUS, METRO, TRAM

Tagesticket für 4,50 € kaufen. Nur Studenten und Senioren fahren mit Einzeltickets billiger.

ÖFFNUNGSZEITEN

Hellenic Maritime Museum 4: Aktí Themistokléous 12, Di–Sa 9–14 Uhr, Eintritt 4 €

KULINARISCHES FÜR ZWISCHENDRIN

In der **Gázi College Eatery** 1 Crepes, Pies, Burger, Pizza, Pasta, Fingerfood. In der **Birraria Bibere** 2 gegrillte Gemüse, im **Bouboulína** 3 ein gutes Schweinekotelett, bei **Charlotte** 4 Scampi mit reiskornförmigen Nudeln und Lorbeersauce (alle tgl. ab 9 Uhr geöffnet). Die Preise bewegen sich in allen Lokalen auf mittlerem Niveau.

Uhrzeigersinn halb umrundet. Nun ist Piräus garantiert nicht mehr schön. Aber wenn Sie auf die Fußgängerbrücke zugehen, die die Schnellstraße überspannt, und an ihrem Ansatz über ein baustellenähnliches Gelände zwei Minuten weiter zu Fuß gehen, haben Sie unversehens tatsächlich die Endhaltestelle der Straßenbahn erreicht, die Sie zurück zum Syntágma-Platz bringt.

→ **UM DIE ECKE**

Der **Kastélla-Hügel** gleich über dem Mikrolímano ist die antike Keimzelle der Stadt und seit dem 19. Jh. ihr vornehmstes Wohnviertel. Stadtvillen und Herrenhäuser aus dem 19. Jh., fast nur von Locals besuchte Tavernen und Cafés säumen die schmalen Straßen und Gassen.

Die Athener Museumslandschaft

EINTRITTSKARTEN *in andere Zeiten, andere Welten – oder doch nicht? Mal genussvoll ästhetisch, mal erschütternd grausam. Auf jeden Fall Gesprächsstoff genug ...*

UND JETZT ENTSCHEIDEN SIE!

Nationalmuseum der Zeitgenössischen Kunst (EMST)
5 €
Di–So 11–17 Uhr

Im riesigen Kunsttempel in der ehemaligen Fix-Brauerei war 2017 die ›documenta‹ zu Gast. Jetzt finden hier internationale Wechselausstellungen auf hohem Niveau statt.
📍 südl. C 8, Metro: Sygrou-Fix
www.emst.gr

○ JA   ○ NEIN

Museum für kykladische Kunst
7/3,50 €, Mo generell 3,50 €
Mo, Mi, Fr, Sa 10–17,
Do 10–20, So 11–17 Uhr

Henry Moore könnte hier in die Lehre gegangen sein. 3500 Jahre alte Idole wirken fast wie zeitgenössische Kunst. Dazu Antikes aus Griechenland und Zypern, alles angenehm komprimiert.
📍 G 6, Metro: Evangelismos
www.cycladic.gr

○ JA   ○ NEIN

Benaki-Museum
9/7 €, Do frei
Mi, Fr 10–17, Do, Sa 10–24,
So 10–16 Uhr

Sammelsurium von Weltrang: Kunst und Kunsthandwerk von der Vorgeschichte bis in die frühe Neuzeit und dazu noch etwas moderne griechische Kunst, alles privat zusammengetragen.
📍 F 6, Metro: Syntagma
www.benaki.gr

○ JA   ○ NEIN

Jüdisches Museum Griechenlands
6/3 €
Mo–Fr 9–14, So 10–14 Uhr

Der Holocaust unter den griechischen Juden ist das Hauptthema. Erläutert wird aber auch, wie die Griechen darauf reagierten. Multimediale Erläuterungen gibt es dazu auf Englisch.
📍 D 6/7, Metro: Syntagma
www.jewishmuseum.gr

○ JA   ○ NEIN

Die Athener Museumslandschaft

Museum antiker griechischer Technologie
5/7 €
Variierende Öffnungszeiten, auf Homepage checken!

○ JA ○ NEIN

Uhren, Wecker, Flugmaschinen, Maschinengewehre, Kino, automatische Türen? Gab es alles schon im antiken Hellas, was dieses moderne Museum mit Modellen und Videos beweist.
🕮 F 5, Metro: Syntagma
http://kotsanas.com

Hellenic Motor Museum
8/5 €
Mo–Fr 10–14,
Sa/So 11–18 Uhr

○ JA ○ NEIN

Gern noch mehr Altes, aber lieber jünger? Dann mag dieses recht neue Museum nahe am Archäologischen Nationalmuseum mit seinen vielen Oldtimern das Richtige für Sie sein.
🕮 D 1, Metro: Victoria
www.hellenicmotormuseum.gr

Museum für griechische Volksmusikinstrumente
frei
Di, Do–So 10–14,
Mi 12–18 Uhr

○ JA ○ NEIN

Was die Griechen von der Antike bis heute als Erzeuger von Ohrenschmaus erfanden, können Sie hier sehen und manchmal auch hören. DVDs der Klänge gibt's im Museumsshop.
🕮 C 6, Odós Diogénous 1–3, Pláka
Metro: Monastiráki

Schiffsmuseum Trokadero Marina
3/1,50 €, Di–Fr 9–14,
Sa/So 10–17 Uhr

○ JA ○ NEIN

Männerwahn: Kernstück des Hafens ist ein voll begehbares Schlachtschiff aus der Zeit von 1910–1918 samt Mannschaftsunterkünften und Admiralssuite. Schöner Blick auf Piräus.
🕮 östl., Karte 2, aF 1, Tram: Trokadero
www.averof.mil.gr

Kriegsmuseum
4/2 €
April–Okt. tgl. 9–19,
sonst 9–17 Uhr

○ JA ○ NEIN

Eindrucksvoller als Flugzeuge, Uniformen und Waffen sind die Fotos, die an die deutsch-italienisch-bulgarische Besetzung Griechenlands im Zweiten Weltkrieg und ihre Gräuel erinnern.
🕮 G 6, Metro: Evangelismos
www.warmuseum.gr

Museen und »noch mehr«

Athen zählt zwar mehr als 60 Museen und Galerien, aber nur wenige davon sind auch für den Städteurlauber interessant. Diese Museen liegen alle in der Innenstadt und sind von den Hotels zu Fuß zu erreichen. Die **Museumsmeile** der Stadt ist der breite Boulevard Leofóros Vas. Sofías zwischen dem Syntágma-Platz und der Konzerthalle Megaró Moussikís. Viele kleinere Museen finden sich rund um die Akropolis, darunter auch die Krönung aller Ausstellungen: das neue **Akropolismuseum** (▶ S. 35). Bleibt nur noch das **Archäologische Nationalmuseum** (▶ S. 64) erwähnenswert, das vom Omónia-Platz in zehn Minuten zu Fuß zu erreichen ist.
Antikes und moderne Kunst sind aber nicht nur in Museen ausgestellt, sondern auch in vielen Metrostationen zu sehen. Leider müssen in diesen Jahren der Krise auch viele Museen sparen und laufen darum im Winterhalbjahr nicht auf vollen Touren. So werden Wärter Ende Oktober entlassen und erst im April wieder eingestellt. Üble Folge: Einige Museumssäle in den staatlichen Museen sind im Winter fast immer geschlossen.

TIPPS FÜR DEN BESUCH DER ATHENER MUSEEN

Ermäßigungen: Kinder, Jugendliche und Studenten aus EU-Staaten bis 26 Jahre haben freien Eintritt. Senioren ab 65 Jahre zahlen einen um ca. 30–50 % ermäßigten Preis.
Freier Eintritt: Zu allen staatlichen Museen ist der Eintritt zwischen November und März an jedem ersten Sonntag im Monat frei. Ganzjährig ist der Eintritt zum Benaki-Museum donnerstags frei.
Kombitickets: 15 € (Senioren 8 €), gültig 3 Tage für Archäologisches Nationalmuseum, Epigraphisches Museum, Numismatisches Museum im Schliemann-Haus und Byzantinisches Museum.
Infos zu den Museen: Auf der Website des Kulturministeriums www.culture.gr werden zwar alle staatlichen und einige private Museen vorgestellt, doch sind die angegebenen Öffnungszeiten nicht immer aktuell.

Auch in der Antike tanzte der Grieche ganz wie heute. Sehr stolz. Heutzutage allerdings tanzt er nicht mehr nackt.

Archäologische Stätten

Noch viele Generationen von Archäologen hätten Arbeit in Athen, würde man die gesamte Pláka abreißen, den Nationalgarten umgraben und südlich der Akropolis noch unter den heutigen Häusern nachschauen, was dort im Erdreich verborgen ist. Das verbieten jedoch die Eigentumsverhältnisse und wohl auch die praktische Vernunft. Da geben wir uns doch gern zufrieden mit dem, was schon sichtbar ist. Das ist schon eine ganze Menge.

Römische Eitelkeit
Hadrianstor Karte 3, D 7
Roms Kaiser Hadrianus liebte nicht nur den schönen Jüngling Antinoos inbrünstig, sondern auch Athen. Er war hier mehrmals zu Gast, stiftete Bauten und erweiterte die politisch bedeutungslos gewordene Metropole sogar deutlich. Für diese Stadterweiterung, die im Wesentlichen den heutigen Syntágma-Platz und den Nationalgarten umfasste, spendierte er sogar Schutzmauern. An einer der Öffnungen zwischen Alt- und Neustadt ließen ihm zu Ehren reiche Athener im Jahr 125 ein 18 m hohes Prachttor errichten, das heute recht verloren inmitten des Autoverkehrs steht. Auf einer Seite trägt es die Inschrift »Das ist die Stadt des Theseus«, auf der anderen verkündet es »Dies ist die Stadt des Hadrianus, nicht die des Theseus«. Das dürfte dann auch der Dümmste verstanden haben.
Leofóros Amalías, Metro: Akropoli, frei zugänglich

Langlebig
Panathenäisches Stadion Karte 3, Γ 8
Athens bedeutendste Sportstätte lag auch nach der römischen Stadterweiterung noch außerhalb der Stadtmauern. Intra muros hätte es zu viel Raum in Anspruch genommen. Das auch ›Kallimármaro‹ genannte Stadion mit Platz für 50 000 Zuschauer, während der Olympischen Spiele 2004 Ziel des Marathonlaufs und Austragungsort der Wettkämpfe im Bogenschießen, ist die Rekonstruktion eines um 330 v. Chr. angelegten und um 140 n. Chr. von den Römern ganz mit pentelischem Marmor ausgekleideten Stadions. In der griechischen Antike wurde es für Wettkämpfe im Rahmen der alle vier Jahre stattfindenden Panathenäischen Spiele genutzt. Während der römischen Kaiserzeit fanden hier auch Gladiatorenkämpfe und Tierhatzen statt. Im Mittelalter wurden die Marmorblöcke fast vollständig entwendet und für Hausbauten genutzt. Für die ersten Olympischen Spiele der Neuzeit 1896 erstand es auf Kosten eines reichen griechischen Gönners neu. Wer es selbst einmal als Sportler erleben will, muss den jährlichen ›Athens Marathon‹ überleben, der hier endet.
Leofóros Vas. Konstantínou 50, Metro: Akropoli, Syntágma, März–Okt. tgl. 8–19, Nov.–Feb. Di–So 8–17 Uhr, Eintritt 3 €

Kein stilles Örtchen
Römisches Forum Karte 3, C 6
Der großen griechischen Agorá fügten die Römer schon kurz nach der Eroberung Griechenlands im 1. Jh. v. Chr. eine römische hinzu – auf Lateinisch ein Forum. Das 112 x 96 m große Gelände war auf allen vier Seiten von Säulenhallen umgeben, in denen sich Geschäfte befanden. Ein monumentales Tor führte von der Agorá auf das Forum und setzte ein Zeichen wie das Hadrianstor. Der wesentliche Bau auf dem Forumsgelände ist heute ein fast 13 m hoher, achteckiger Turm. Er diente als Uhr,

Archäologische Stätten

Wetter- und vielleicht sogar Sternwarte. Sein Relieffries zeigt die als Götter dargestellten acht Windrichtungen, die eine Wetterfahne auf dem Dach anzeigte. An den Außenseiten waren Sonnenuhren angebracht. Innen befand sich eine komplizierte Wasseruhr, die für eine exakte Zeitmessung auch bei Nacht sorgte.

Ebenfalls interessant ist die große Gemeinschaftslatrine neben dem Turm, die über 60 Sitzplätze im kommunikationsfreundlichen Karree bot. Zwei der Sitzplätze haben Archäologen rekonstruiert. Man erkennt, dass die alten Römer den Körperkontakt offenbar auch beim ›Müssen‹ nicht scheuten – ein stilles Örtchen war eine Latrine gewiss nicht.

Eingang Odós Pelopída, Pláka, Metro: Monastiráki, Mo–Fr 8–15, Sa/So 8–17 Uhr, Eintritt 6 € oder mit Kombiticket

Megalomanie
Tempel des Olympischen Zeus
🗺 D 8

Noch liegt dieser Riesentempel vor dem neuen Berliner Großflughafen, was die Dauer der Bauverzögerungen betrifft. Für ihn benötigte man von der Grundsteinlegung bis zur Fertigstellung stolze 647 Jahre. 515 v. Chr. begannen die Söhne des Tyrannen Peisistratos mit dem Bau. Nach dem Sieg der Demokratie wurden die Arbeiten schon fünf Jahre später eingestellt. Die Steine verwendeten die Demokraten zum Ausbau der Stadtmauer. 174 v. Chr. kam dann ein hellenistischer Seleukidenkönig auf die Idee, ihn doch weiterbauen zu lassen. Als er starb, wurde wieder nicht weitergebaut. Schließlich war es wiederum der römische Kaiser Hadrianus, der den Bau fortsetzen ließ. Jetzt ging es sogar recht schnell: Es dauerte nur 8 Jahre, und Athens größter Tempel war fertig. Er wurde Göttervater Zeus geweiht. Fast 17 m hoch sind die 15 noch aufrecht stehenden korinthischen Säulen. Einst umgab eine Doppelreihe von 104 solcher Säulen mit einem Gesamtgewicht von fast 16 000 Tonnen den gigantischen Tempel, der 110 m lang und 43 m breit war. Die Akropolis ist durch die erhaltenen Säulen hindurch immer gut zu sehen – das ergibt ein schönes Fotomotiv. Zudem ist der Tempel in eine kleine parkähnliche Anlage mit Sitzbänken eingebettet, sodass er sich auch gut für eine Pause während eines Stadtrundgangs eignet.

Eingang Leofóros Vas. Ólgas, Metro: Akropoli oder Syntágma, tgl. 8–20 (Winter 8–15) Uhr, Eintritt 6 € oder mit Kombiticket

Klöster am Stadtrand

Klöster gibt es in Griechenland viele. Die meisten sind auch heute noch bewohnt. Zwei alte Klöster am Athener Stadtrand hingegen dienen nur noch als historische Monumente. Eins ist kunsthistorisch außerordentlich interessant, das andere wegen seiner Idylle.

Tolle Mosaike
Kloster Dafní 🗺 Karte 5, C 3

Das am Rande eines Kiefernwäldchens gelegene ehemalige Kloster birgt die 76 besterhaltenen und schönsten mittelalterliche Mosaike des griechischen Festlands. Sie stammen wie die Klosterkirche aus der Zeit kurz vor 1100, während die zinnenbekrönten Mauern, die das Kloster zu einer kleinen

Das Vorbild für die sogenannten korinthischen Kapitelle dieser Säulen waren die Blätter des in Griechenland häufigen Akanthus.

Archäologische Stätten

Reichlich Kirchen gibt es in Athen. Man blickt durch den Zaun am Römischen Forum – und da ist schon wieder eine, die Kirche Panagía I Grigóroussa.

Festung machten, zum Teil noch auf die Gründungszeit im 6. Jh. zurückgehen. Kirche und Mosaike wurden bei einem Erdbeben im Jahr 1999 beschädigt, Restaurierungs- und Sicherungsarbeiten sind immer noch im Gang. Auch deswegen ist das Kloster nur an zwei Tagen pro Woche geöffnet.

Ierá Odós/Leofóros Athinón, Dafní, Bus: A16 ab Platía Eleftherías, Di und Fr 9–14 Uhr, Eintritt frei

Am Waldrand
Kloster Kesarianí 📖 Karte 5, D 3
Das hervorragend restaurierte, 1833 aufgelöste Kloster bezaubert schon auf den ersten Blick durch seine Lage inmitten von Wäldern und durch die alten Gemäuer um den gartenmäßig gestalteten Klosterhof mit Zypressen und Bruchstücken antiker Säulen. Aus der Gründungszeit im 11. Jh. stammen noch die Kirche und das Badehaus, während Narthex, Refektorium, Zellentrakte, Glockenturm und Antonius-Kapelle Hinzufügungen aus der osmanischen Zeit sind. Die gut erhaltenen Wandmalereien im Kircheninnern wurden im 18. Jh. geschaffen, die im Narthex 1682. Rund ums Kloster gib es mehrere ausgeschilderte Wanderwege durch den Wald am Hang des 1026 m hohen Ymittós-Gebirges.

An der Straße auf den Ymittós oberhalb des Stadtteils Kesarianí, am besten per Taxi zu erreichen (ab Syntagma ca. 10 €, ab Kolonáki ca. 8 €), Di–So 8–15 Uhr, Eintritt 2 €

ÜBRIGENS

Die Mosaike im Kloster Dafní sind typisch byzantinisch. Die großen Goldflächen fangen das Außenlicht auf und geben es an die Gemeinde weiter. Damit geht es als ›Sendelicht‹ von Christus und den Heiligen aus. Die goldenen Mosaiksteinchen sind Glaskuben mit Blattgoldeinlage; sie reflektieren das Licht nicht gleichmäßig, sondern in tausendfacher Brechung und machen es außerordentlich lebendig.

Pause. Einfach mal abschalten

Pause machen ohne Konsumpflicht, sich erholen, abschalten, vielleicht sogar für ein paar Minuten die Augen schließen. Hier können Sie das. In schönen Grünanlagen und Parks, in einer Kirche, auf einem Felsen ganz dicht an der Akropolis. Und weil Sie in Athen sind, auch nahezu mit Sonnen- oder Mondgarantie.

Nur für Hundefreunde
Álsos Thisíou 🕮 A 6
Das kleine Wäldchen zwischen dem Viertel Thisío und der antiken Agorá ist ein nettes Plätzchen, um sich auf eine Bank zu setzen oder gar auf den Rasen zu legen. Bevor Sie das tun, sollten Sie das Gras allerdings zunächst genau in Augenschein nehmen: Auch Hunde wissen das Wäldchen für ihre Zwecke zu nutzen.

Diese Aussicht!
Areopag 🕮 B 7
Ganz allein werden Sie auf dem nackten Felsen des Areopag direkt unterhalb der Akropolis bestenfalls zwischen 2 und 7 Uhr morgens sein. Aber ruhig geht es auch fast immer in der übrigen Zeit zu. Wer hier hinaufsteigt, ist ganz einfach vom fantastischen Ausblick überwältigt und hält erst einmal den Mund.

Kerzen statt Kaufen
Kirche Kapnikaréa 🕮 C 5/6
Mitten auf der Haupteinkaufsstraße des modernen Atheners, die Hermes, dem Gott des Handels, gewidmete Odós Ermoú, steht wie ein Fels in der Brandung das mittelalterliche Kirchlein Kapnikaréa. Als man es vor 1000 Jahren erbaute, waren Gotteshäuser dem Menschen noch wichtiger als Konsumtempel. Heute kann man hierher kommen, seine Einkaufstüten abstellen, eine Kerze anzünden, an Schönes denken und um noch Schöneres bitten, sich kurz setzen, vielleicht auch das Einkaufsbudget um ein paar Cent zugunsten des Klingelbeutels kürzen – und dann weitermachen wie bisher.
Odós Ermoú

Park der Königin
Nationalgarten 🕮 E–F 6–7
Den Athener Nationalgarten hat einst eine Oldenburger Prinzessin anlegen lassen: Amalia, Gattin des ersten neugriechischen Königs Otto I. Beide waren nach der griechischen Unabhängigkeit kurz nach 1830 nach Griechenland geschickt worden, weil die Großmächte keinem Griechen trauten und sich selbst untereinander ebenso wenig. Also fiel die Wahl auf einen Bayern und seine fast ostfriesische Gemahlin. 1836 ließen beide den Nationalgarten als ihren privaten Park gestalten.
Heute ist er eine grüne Oase im Herzen der Stadt. Der kleine Ententeich ist ein beliebter Tummelplatz von Großeltern und Enkelkindern. Als Snack für sich selbst und als Entenfutter kaufen sie am Parkeingang meist einige *kouloúria*, Teigringe mit Sesam. Sitzbänke stehen sehr viel ruhiger aber auch unter grünen Laubengängen und unter Palmen. Kein Schild verbietet es, sich auf die Rasenflächen zu legen.
Wer doch Tisch, Stuhl und etwas kulinarischen Verzehr vorzieht, setzt sich ins **Café Kípos** (sehr unregelmäßig geöffnet) am Ausgang zur Odós Iródou Attikoú. Auch da ist es schattig, kleinste Wasserläufe befeuchten die Luft – und ein Kaffee oder eine Limo die Kehle. Eingänge auf allen vier Seiten, im Park Hinweisschilder zu allen Ausgängen.

Ruhende Beamte
Zappio 🕮 E 7
Das prunkvolle, nach seinem Stifter benannte Ausstellungsgebäude aus den Jahren 1885–1888 ist heute Sitz eines

Pause. Einfach mal abschalten

Endlich mal Ruhe! Die einen finden sie in den Athener Parks, die anderen auf dem Lykavittós-Felsen hoch über der Stadt.

Ministeriums. Besonders schön ist der runde, von zweigeschossigen Arkaden gesäumte Innenhof, der den Beamten als elitärer Ruheraum zu dienen vermag. Da kommt man als Normalmensch nur hinein, wenn in den Seitenräumen Ausstellungen stattfinden. Jederzeit jedoch kann man an der zur Odós Vas. Sofías hin ausgerichteten Frontseite auf Bänken am großen Brunnen verschnaufen oder auf der Rückseite zum Nationalgarten hin. Und wieder gibt es natürlich eine zahlungspflichtige Alternative: das **Aegli Café** (T 210 336 93 02, www.aeglizappiou.gr, tgl. ab 9 Uhr) auf der Ostseite des Gebäudes und abends das Sommerkino Aegli gleich nebenan.

Von oben herab
Lykavittós G 4
Oben auf dem Gipfel des höchsten innerstädtischen Felsens herrscht immer Betrieb. Doch man kommt und geht mit der Seilbahn. Am Fußweg hinunter nach Kolonáki sitzen Sie fast immer ungestört zwischen den baummähnlichen Blütenstengeln der Agaven und blicken über Kolonáki und Pláka im wahrsten Sinne des Wortes auf die Akropolis hinab, denn Sie thronen hier auf ihrem Stein ja höher als einst die antiken Götter.

NOCH WAS

In der **Kapelle Agía Dínami** (D 6) sammeln Sie, wie es schon der Name verspricht, heilige Kräfte. Von außen sieht man das dem winzigen Bau erst einmal nicht an. Er steht unter dem von Pfeilern gestützten Vorbau eines Luxushotels. Mit ein wenig Nachdenken wird einem aber schon klar: die ›Heilige Kraft‹ brauchte keinem Neubau zu welchen. Er musste an sie angepasst werden.
Früh am Morgen herrscht in der von Blumen und Grünpflanzen umstandenen Kapelle viel Betrieb. Gläubige schauen vor Arbeitsbeginn kurz herein, bekreuzigen sich, küssen Ikonen, um für einen weiteren schweren Tag in ihrem Berufsleben gerüstet zu sein. Nach 9 Uhr haben Sie die Kapelle oft für sich allein. Dann ergreift vielleicht auch Sie die heilige Dynami(k).
Odós Mitropóleos/Ecke Odós Pentélis, Pláka.

In fremden Betten

Ein Trumpf, der bei der Hotelwahl in Athen immer sticht, ist der Blick auf die Akropolis – wenigstens vom Frühstücksraum oder der Dachterrasse aus. Ihr Dach bauen ständig mehr Hotels zu attraktiven Bars und Restaurants aus. Manche installieren in luftiger Höhe sogar einen Pool. Ist ja auch cool, mit einem Mojito in der Hand auf 2500 Jahre alte Säulen blicken zu können.

Innen geben sich die meisten Hotels ganz zeitgemäß. Schon für die Olympischen Spiele 2004 wurden viele Häuser modernisiert. In den jetzigen Jahren der Krise wechseln Hotels zwar häufiger Namen und Besitzer, aber geschlossen wird keins. Athen erzielt im Städtetourismus stetig Zuwachsraten – nicht zuletzt auch wegen seiner relativ günstigen Preise.

So wird auch weiterhin viel investiert, denn bei irgendwem ist in Griechenland ja stets Geld im Übermaß vorhanden. Manchmal reicht es nur für die Neugestaltung von Rezeption und Lobby, oft aber auch für sämtliche Flure und Zimmer. ›Design‹ und ›Art‹ stehen hoch im Kurs, Wagemut ist durchaus an der Tagesordnung. Krasse Farben, irre Formen sind angesagt. Aber auch Rückbesinnung auf Altes spielt mit: So wurden im Hotel New aus der Inneneinrichtung des Vorgängerhotels abgewohnte Möbel zu außergewöhnlichen Skulpturen und Deko-Elementen umgestaltet.

TIPPS

Wo wohnen? Auf öffentliche Verkehrsmittel ganz verzichten kann, wer im Altstadtviertel Pláka, im Flohmarktviertel Monastiráki oder im Edelviertel Kolonáki wohnt. Dann braucht man auch spät in der Nacht kein Taxi und kommt sicher nach Hause.

Wie buchen? Wer sich einen Überblick über das Riesenangebot verschaffen will, geht am besten auf www.booking.com. Kaum ein Athener Hotel ist diesem Reservierungssystem nicht angeschlossen, selbst wenn dafür 15–25 % Provision abzuführen sind. Wer die dem Hotelier ersparen will, findet fast immer eine direkte Buchungsmöglichkeit auf der Hotelwebsite – ob man dabei gewinnt oder draufzahlt, muss man im Einzelfall vergleichen.

... und auf fremden Dächern! Auch die Dachterrassen-Bars der Hotels sind toll: Immer die Akropolis!

In fremden Betten

....
OPTIMALE LAGE
....

Ideal für Nachtschwärmer
A for Athens 🏠 C 5

Das modern gestylte Hotel mit einer der renommiertesten Cocktailbars Athens auf dem Dach liegt direkt am Monastiráki-Platz. Gleich um die Ecke ist das Nightlife-Centre Psirrí, mit der Metro fährt man nur eine Station und ist direkt im Zentrum von Gázi. Die 35 Zimmer haben teils ›Wide View‹ mit Frontalansicht der Pláka und der Akropolis, teils ›Homy View‹ auf die nahen Häuser der Nachbarschaft, aber mit Athenfotos an den Wänden. Sie alle sind 25 qm groß und für bis zu 4 Personen geeignet. Das Design ist modern, Luxus wird nicht versprochen. Das Hotel ist ideal mit schwerem Gepäck: Die Metro vom Flughafen hält gleich vor der Haustür.
Odós Miaoúli 2–4, T 210 324 42 44, www.aforatathens.com, DZ homy view je nach Saison ab 100–190 €

Im Angesicht der Akropolis
Adrian 🏠 Karte 3, C 6

Wer gern abends vor dem Schlafengehen noch einen Nightcap in einem Straßencafé auf einem schönen Platz direkt neben dem Hotel nimmt, wohnt hier bestens. Und wer im Sommerhalbjahr auf dem offenen Dachgarten mit Akropolisblick frühstücken möchte, ebenfalls. Alle 22 Zimmer haben einen Balkon, die Fenster sind schallisoliert. Bis zur Metrostation Monastiráki gehen Sie fünf, bis zum Syntágma-Platz etwa zehn Minuten.
Odós Adrianoú 74, Pláka, T 210 322 15 53, www.douros-hotels.com, DZ ab 80–155 €

Freundlich und herrlich normal
Athens Cypria 🏠 Karte 3, D 5/6

Das Hotel will nichts anderes sein als eine gute Unterkunft. Modischen Schnickschnack macht man nicht mit, dafür setzt man auf Freundlichkeit des Personals, einen Begrüßungskaffee und einen Obstkorb auf dem Zimmer. Die 115 Zimmer sind ausreichend geräumig, haben aber nur zum Teil einen Balkon oder gar Akropolisblick. Man schläft recht ruhig, wenn nicht die Nachbarn lärmen.
Odós Diomías 5, T 210 323 80 34, www.athenscypria.com, DZ je nach Saison ab 100–120 €

Schockierendes Lichtdesign
Athens La Strada 🏠 Karte 3, D 6

Bevor Sie eins der 16 Zimmer in diesem 2016 eröffneten kleinen Hotel am Rande der Pláka buchen, sollten Sie sich unbedingt die Fotos auf den Webseiten des Hotels anschauen. Wand- und Lichtgestaltung der 16 Zimmer, des Restaurants, der Bar und der Lobby sind äußerst gewagt, mancher mag sie als echt krass empfinden. Vom Restaurant und einigen Zimmern aus blickt man an der Kuppel der ganz nahen orthodoxen Kathedrale vorbei zur Akropolis. Syntágma- und Monastiráki-Platz sind jeweils etwa fünf Gehminuten entfernt.
Odós Petráki 26, T 210 331 47 82, www.athenslastrada.com, DZ je nach Saison ab 78–135 €

Des Dachgartens wegen
Central 🏠 Karte 3, D 6

Die zentrale Lage, der schöne Dachgarten und der relativ moderate Preis machen das Hotel attraktiv. Die 84 Zimmer sind gut möbliert, haben jedoch zumeist keinen Balkon, gehen teilweise zu Innenschächten hin, in denen nachts die Tauben gurren. Die Zimmer mit Akropolisblick liegen zu einem Schulhof hin, so dass die Gäste hier außerhalb der langen Ferienzeiten gegen 8 Uhr von fröhlichem Geplapper und Toben geweckt werden. Wettgemacht werden diese kleinen Nachteile durchs Dach des Hauses, auf dem man im Sommerhalbjahr sogar im Whirlpool sitzend den Akropolisblick genießen kann.
Odós Apóllonos 21, Pláka, T 210 323 43 57, www.centralhotel.gr, DZ ab 81–125 €

Hoher Komfort im Altstadtviertel
Electra Palace 🏠 Karte 3, D 6

Das einzige Fünfsternehaus direkt in der Altstadt zählt 155 geräumige Zimmer mit großen Balkonen. Die in den oberen Etagen haben meist Akropolisblick. Den

In fremden Betten

Der Heiligenschein ist Zufall, die Dreifaltigkeit vielleicht auch. Ansonsten wohnt man im Hotel Fresh sehr, sehr schick.

gewähren auch das Hotelrestaurant und der Pool auf dem Dach. Ein kleinerer Indoor-Pool gehört zum exklusiven Wellness-Centre. Als größte Besonderheit bietet das Haus sogar eine Tiefgarage. Leider ist das Personal manchmal etwas steif und vornehm-distanziert – vielleicht ist das Dienstanweisung.
Odós N. Nikodímou 18, Pláka, T 210 337 00 00, www.electrahotels.gr, DZ ab 156–235 €

Des günstigen Preises wegen
Ómiros 🏠 Karte 3, D 6
Nichts ist besonders an diesem schon älteren Hotel. Die 37 Zimmer sind relativ klein und einfach möbliert, das – nicht obligatorische – Frühstück ist eine einzige Katastrophe. Doch dafür haben die Zimmer alle einen schlichten Balkon, und der Zimmerpreis ist für ein Haus in dieser Lage nahezu unschlagbar günstig. Wer das Zimmer nur nutzt, um darin zu schlafen, kann sich hier auch wegen des freundlichen Personals durchaus wohlfühlen.
Odós Apóllonos 15, Pláka, T 210 323 54 86, www.omiros-hotel.com, DZ ab 52–90 €

Nichts Besonderes, aber völlig okay
Pláka 🏠 Karte 3, C 6
Das kürzlich aufwendig modernisierte Hotel liegt zentral am Rande der Pláka, keine zehn Minuten vom Syntágma-Platz und keine fünf Minuten vom Monastiráki-Platz entfernt. Die 67, je nach Kategorie 16–20 qm großen Zimmer sind klassisch-modern möbliert, einige haben Balkon. Die Dachterrasse ist von Mai bis Oktober ganztägig für Sonnenbäder freigegeben, abends operiert hier auch eine Bar.
Odós Kapnikaréas/Ecke Odós Mitrópoleos, T 210 322 27 06, www.plakahotel.gr, DZ je nach Saison ab 74–195 €

OPTIMALES DESIGN

Angenehm klein
Athens was 🏠 D 8

Mit nur 21 Zimmern recht intim ist das im April 2015 eröffnete Designhotel, dessen Name sein ästhetisches Programm ist. Klassischer Modernismus prägt das Interieur. Marmor und griechisches Walnussholz sind wesentliche Baustoffe, die Möbel stammen von Designern wie Le Corbusier, Eileen Gray oder Warren Platner. Alle Zimmer haben geräumige Terrassen; für Lunch und Dinner ist das Dachgartenrestaurant mit Akropolis geöffnet. Das Hotel steht am Anfang einer breiten Flaniermeile, die an der ganzen Süd- und Westseite des Akropolisfelsens entlang verläuft; Straßencafés sind reichlich ganz in der Nähe. Die Pláka beginnt zwei Gehminuten entfernt.
Odós Dion. Areopagítou 5, T 210 924 99 54, www.athenswas.gr, DZ je nach Saison ab 180–230 €

Erstklassiger Schlafkomfort
Coco-Mat 🏠 G 5

Luxusmatratzen aus natürlichen Materialien sind das Kerngeschäft des griechischen Bettenspezialisten Cocomat, der auch in Deutschland Edelboutiquen betreibt. In Griechenland hat das griechische Erfolgsunternehmen auch eine Reihe kleiner Designhotels gegründet. Der Schlafkomfort steht unter an erster Stelle, die eigenen Heimtextilien und Wohnaccessoires prägen den gesamten modernen Stil. Die 39 Zimmer haben nur teilweise Balkon. Das Haus steht im Edelviertel Kolonáki, dessen zentraler Platz zu wenige Gehminuten entfernt ist. Bis zur Pláka läuft man etwa zehn Minuten. Man kann auch mit einem der kostenlos verliehenen Hotelfahrräder dorthin gelangen. Die sind allerdings recht schwer, da der Rahmen aus Naturholz besteht. Wer eins kauft, bekommt ein paar Übernachtungen umsonst.
Odós Patr. Ioakím 36, Kolonáki, T 210 723 00 00, www.cocomatathens.com; DZ je nach Saison ab 140–150 €

Farbakzente zum guten Preis
Fresh 🏠 C 4

Das neungeschossige Hotel war eins der ersten erschwinglichen Designhotels in der Stadt. Die Lage war mutig gewählt: nahe Omónia-Platz und Markthallen in einem Gebiet, in dem zumindest Frauen nachts nicht allein auf die Straße gehen sollten. Inzwischen ist es dort so sicher geworden wie in deutschen Großstädten auch. Die Zimmer sind 22–28, die Suiten 40 qm groß. Sie wirken durch ihre vielen Farbakzente wirklich namensgemäß frisch, einige verfügen über einen eigenen kleinen Zen-Garten. Der Dachgarten in der neunten Etage mit Bar, Restaurant sowie zwischen Mai und Oktober geöffnetem Pool ist ein netter Ort zum Verweilen, ein Fitnessraum, Sauna und Dampfbad stehen darüber hinaus zur Verfügung.
Odós Sofokléous 26, T 210 524 85 11, www.freshhotel.gr, DZ je nach Saison ab 103–153 €

Brasilianer in Athen
New 🏠 D 6

Das brasilianische Designer-Duo Fernando und Humberto Campana nahm vom griechischen Kunstmäzen Dakis Joannou den Auftrag an, sein gerade neu erworbenes altes Hotel ganz frei zu gestalten. Die Campana-Brüder arbeiteten dabei mit jungen griechischen Innenarchitekten und Architekten zusammen, um das lokale Idiome zu verstehen. Viele der Möbel des alten Hotels wurden kleingeschlagen und neu zu Deko-Elementen zusammengefügt, brasilianische Favela-Kultur gesellt sich zu traditionellen hellenischen Elementen wie klassischen Schattenspielfiguren und Nazar-Amuletten gegen den bösen Blick. Kunstobjekte der US-Amerikanerin Laurie Anderson sind über das Hotel verteilt. Nur äußerlich gibt sich das sechsgeschossige Haus noch im biederen Stil der 1970er-Jahre. Alle 79 Zimmer haben Balkons, zum Syntágma-Platz oder in die Pláka geht man drei Minuten zu Fuß. Auch der immergrüne Nationalgarten ist nur zwei Gehminuten entfernt.
Odós Filéllinon 16, T 210 327 30 00, www.yeshotels.gr, DZ ab 174–216 €

Satt & glücklich

Die klassische griechische Taverne ist in Athen nahezu tot. Wer so griechisch essen will, wie er es bei Jánnis oder Pétros gleich um die Ecke kennengelernt hat, geht besser zum Griechen diesseits der Alpen. Die Athener sind experimentierfreudig geworden.

Hippe Neueröffnungen machen fast immer zumindest in den ersten Monaten ein gutes Geschäft. Selbst Asiaten feiern Erfolge; trotz hoher Preise sind Japaner besonders beliebt. Dass anders als in alten Tavernen kein Brot mehr auf den Tisch kommt, stört kaum.

Auch die griechische Küche selbst definiert sich in den Athener Restaurants gerade ganz neu. Fusion-Elemente sind angesagt. Mit Olivenöl wird nur noch sparsam umgegangen, endlich werden auch frische Kräuter reichlich verwendet. Selbst Chili ist nicht mehr tabu, obwohl noch vor ein paar Jahren selbst drei Pfefferkörner im Essen den meisten Hellenen die Speise ungenießbar machten. Der Hang zur Verspieltheit, der vielen Griechen eigen ist, macht sich auch auf den Tellern immer mehr bemerkbar. Vor allem Balsamico und exotische Früchte aus griechischem Landbau sind dabei willkommene Helfer.

Die Lage des Lokals, die früher ziemlich egal war, spielt nun eine größere Rolle. Dachgärten sind bevorzugte Ansiedlungsobjekte, ebenso romantische Innenhöfe und alte Villen. Auch die Museen ziehen mit, sind zumindest tagsüber zu Topadressen für ein kleines Essen geworden.

ZUM SELBST ENTDECKEN

Moscháto Auf frischen Fisch mögen die Griechen auch in Krisenzeiten nicht verzichten. In den Restaurants direkt am Meer, in der Pláka oder in Kolonáki ist er zu teuer geworden. Sie weichen lieber in Wohnviertel aus wie Moscháto zwischen Athen und Piräus.

Kesarianí Wer beim Essen keine anderen Urlauber sehen möchte, fährt mit dem Bus in den Arbeiterort Kesarianí am Hang des 1026 m hohen Ymittós. Da gibt es auch noch viele Tavernen im alten Stil.

Kifisiá Auch der leicht mit der Metro erreichbare Luxusvorort Kifisiá ist urlauberfrei. Hier begegnet man eher Diplomaten und ihren Chauffeuren. Das Preisniveau ist hoch, Küche und Design sind meist auf neuestem Stand.

All-Time-Klassiker: der Griechische Bauernsalat.

GUT FÜR DIE MITTAGSZEIT

Leckeres aus dem Norden
Bougatsádiko I Thessaloníki B 5
Bougátsa ist ein Strudelteiggebäck aus Nordgriechenland, das entweder mit Grießpudding oder mit Ziegenkäse gefüllt ist. Erstere Variante wird mit Zimt und Puderzucker bestreut serviert; beide Varianten sind bereits in Stücke geschnitten, wenn sie auf den Tisch kommen (ca. 10 €/kg). Man genießt sie als zweites Frühstück, als Mittagssnack oder auch tief in der Nacht. Diese große Bäckerei mit Sitzplätzen auch auf der Platía backt je mehrmals am Tag nach Originalrezepten.
Platía Iróon 1, Psirrí, T 210 322 20 08, tgl. 6.30–24 Uhr, Metro: Monastiráki

Sonntags Livemusik
Dioskoúri Karte 3, B 6
Sonntags hören Griechen auch schon zum späten Mittagessen gerne griechische Livemusik. Hier stört es sie nicht einmal, dass sie dabei direkt über den Gleisen der Metrolinie nach Piräus sitzen. Das Essen ist gute Mittelklasse, die Preise sind erschwinglich.
Odós Adrianoú 39, Monastiráki, T 210 325 33 23, tgl. ab 10 Uhr, So Livemusik ca. 14–18 Uhr, Metro: Monastiráki

Deftiges für Marktbesucher
Épirus C 4
Die schlichte Taverne mit sehr freundlichen Mitarbeitern in der Fleischmarkthalle der Stadt wird auch von Marktbeschickern und anderen Frühaufstehern geschätzt. Die haben meist Appetit auf kräftige Suppen: Die Kuttelsuppe Patsá, die Ziegenfleischbrühe Gída, die traditionelle Ostersuppe Margirítsa mit Innereien vom Lamm, eine Rinderfuß- oder Fischsuppe. Am Warmhaltetresen kann man andere Gerichte und auch Gemüse wählen, auf der Karte stehen außerdem »Fried big fish« und »Fried small fish«. Dazu munden am besten einfacher Landwein oder Retsína.
Odós Filopiménous 4 (Eingang Odós Evripídou), Marktviertel, T 210 324 07 73, Mo–Sa 5–19 Uhr, Metro: Omonia

Die Griechin zwischen lauter Asiaten
Paradosiakó Tavérna Karte 3, D 6
Der Name ›Traditionelle Taverne‹ ist in diesem kleinen Lokal Programm. Die junge Wirtin ist ausgesprochen freundlich, die Speisekarte ist relativ klein, das Essen kann am Schautresen ausgewählt werden. Besonders lecker sind hier die kleinen Kohlrouladen Lachanodolmádes und der Mangoldsalat Chórta. Für 15 € wird man auf jeden Fall satt. Bemerkenswert sind hier die Stühle: Jeder gehört einem Stammgast. Dessen Vorname und Spitzname (den jeder Grieche hat) stehen auf der Stuhllehne. Ist der Stammgast nicht da, kann sich natürlich auch jeder andere Hungrige dort niederlassen.
Odós Apóllonos 4, Pláka, T 210 324 32 20, tgl. 12–23 Uhr, Metro: Syntágma

10 000 Kebabs am Tag
Thanássis, Bairaktáris und Savvás
Karte 3, C 5
Dort wo die Odós Mitropóleos in den Monastiráki-Platz mündet, breiten sich drei auf Kebab spezialisierte Grillstuben mit volkstümlichen Preisen immer weiter aus: Bairaktáris, Savvás und Thanássis. Zusammen bieten sie wohl weit über 500 Gästen Platz – und alle drei sind den ganzen Tag über fast immer voll. Hier bestellt man Kebab, am Spieß gegrillte Hackfleischrollen (vier Spieße für ca. 9 €). Dazu gibt es viele Zwiebeln, Petersilie, Fladenbrot und Pommes frites. Roma ziehen zwischen den Tischen herum und spielen unsäglich schlechte Musik, auch Bettler und Rosenverkäufer versuchen ihr Glück. Hier ist besonders deutlich zu spüren, dass Griechenland zum Balkan gehört.
Odós Mitropóleos/Platía Monastiráki, tgl. 9–24 Uhr, Metro: Monastiráki

›Die Ameise und die Heuschrecke‹
Tzitzikas ke Mermígas
Karte 3, D 6
Ameisen und Heuschrecken kommen im Restaurant dieses Namens bestimmt nicht auf den Tisch. Es ist der Titel einer Fabel des antiken Dichters Äsop. Serviert wird modern interpretierte griechische Küche, die vor allem jüngere Athener in

Satt & glücklich

Scharen anlockt. Zur Begrüßung gibt es einen Tresterschnaps und ein paar Oliven. Auf der Karte stehen z. B. Sepia auf Risotto, der kretische Wildpflanzensalat Stamagáthi und das warm servierte Platterbsenpüree Fáva mit Apáki, der kretischen Variante des Kasslerbratens. Ein siebengängiges Degustationsmenü für zwei Personen kostet hier nur ca. 20 € pro Person.

Odós Mitropóleos 12–14, Syntágma, T 210 324 76 07, Mo–Sa 13–1 Uhr, Metro: Syntágma

Wo es mir am besten schmeckt
Venéti 1948 C 3

Mein Lieblingslokal fürs Mittagessen ist ohne Zweifel die moderne Großbäckerei am Omónia-Platz. Der Duft aus der Backstube, in der 50 verschiedene Brot- und Brötchensorten entstehen, liegt dezent unter der historischen Stuckdecke aus dem Jahr 1920, unter der man auf der Empore im Obergeschoss sitzt. Im Erdgeschoss stehen in den Tresen nicht nur Brot und Brötchen, sondern auch allerlei anderes Gebäck, Reispudding und Joghurt aus Schafs- oder Kuhmilch, Törtchen und Pastetchen. Montags bis samstags werden im Warmhaltetresen die täglich wechselnden Tagesgerichte (etwa 6,50–8 €) gezeigt, die an den Tischen draußen auf dem Platz gern auch von der Bedienung gebracht werden. Obwohl dem Wein nicht abgeneigt, trinke ich hier am liebsten den frisch gepressten Orangensaft. Gut frühstücken kann man hier übrigens auch (ab ca. 4 €).

Odós Doroú 1/ Platía Omónia, T 210 523 07 40, www.fournosveneti.gr, tgl. 6–23 Uhr, Metro: Omonia

SCHÖN AM ABEND

Eine der letzten Kellertavernen
Damígos Karte 3, D 7

Viele der älteren Häuser in der Pláka und im alten Athen haben ein Souterrain. Meist wurde es bis heute vor wenigen Jahren als Lager genutzt, manchmal auch als Laden oder Taverne. Nur wenige dieser traditionellen Kellertavernen haben dank Einbau einer modernen Klimaanlage überlebt, drei davon allein in der Odós Kydathinéon, einer der Hauptgassen der Pláka. Traditionelle Kellertavernenküche wird da seit 1865 im Damígos gepflegt. Der traditionelle Renner ist der panierte Stockfisch Bakaljáros mit dem Knoblauch-Kartoffel-Püree Skordaljá (ca. 9 €). Moussaká wird täglich frisch zubereitet. Grandios ist das aus Kreta und Santorin stammende Kichererbsenpüree Fáva, lecker ist auch die warm servierte Rote Bete Patsarjá. Trotz Fensterlosigkeit stimmt die Atmosphäre. Ikonen, Landkarten, alte Waffen, Knoblauchzöpfe und Tripadvisor-Urkunden zieren die lindgrünen Wände. Das Rauchverbot wird eingehalten, und – einmalig in Athen – an den Wänden sind für kühle Tage 48 Kleiderhaken angebracht!

Odós Kydathinéon 41, Pláka, T 210 322 50 84, www.mpakaliarakia.gr, tgl. 12–15 und 17–24 Uhr, im August zwei Wochen geschlossen, Metro: Syntágma

Neue griechische Küche mit Akropolisblick
Kuzína Karte 3, B 6

Traditionalisten meiden das feine Restaurant. Hierher kommt Athens jüngere Szene im Sommer, um auf weißen Stühlen an weißen Tischen inmitten flanierender Touristen oder separiert im Dachgarten zu sitzen und neue Geschmackserlebnisse zu finden. Die Küche variiert griechische Themen italienisch oder auch exotisch. Kalamares werden hier in Ingwer, Sesamöl und süßer Chili-Sauce serviert, der Schweinebraten ist zwölf Stunden lang im Backofen gegart und mit einem Hauch von Limettensaft und Basilikum aromatisiert. Ein Drei-Gänge-Menü wird für ca. 20 € angeboten. Zum kulinarischen Erlebnis gesellt sich ein schöner Akropolisblick, in die Musik mischt sich das Rattern vorbeifahrender Metrozüge.

Odós Adrianoú 9, Monastiráki, T 210 324 01 33, tgl. ab 12 Uhr, www.kuzina.gr

Tavernenkost unter der Platane
Plátanos Karte 3, C 6

Das Schönste an dieser bereits 85 Jahre alten Taverne ist ihre versteckte Lage

Satt & glücklich

Was für ein Blick! Sparen Sie sich den Besuch des Lykavittós-Hügels für den Abend auf und gönnen Sie sich ein Essen im Restaurant Orizontes.

auf einem winzigen Platz im Altstadtviertel Pláka. Ihr Name geht auf eine ebenso alte Platane zurück. Hier wird biedere, ganz traditionelle Tavernenkost serviert, gekocht, gebacken und auch gegrillt. Zu den Stammgästen des Hauses gehört der griechische Krimi-Autor Pétros Markáris. Hauptgerichte ab 8 €.
Odós Diogénous 4, Pláka, T 210 322 06 66, tgl. 12–16.30, Mo–Sa auch ab 19.30 Uhr, Metro: Syntágma

Fischrestaurant unter der Akropolis
Psarás 🍴 Karte 3, C 6
Zum Fischessen fahren die meisten Athener am liebsten ans Meer. So gibt es denn in der Altstadt auch nur eine einzige, echte Fischtaverne. Die aber wurde schon 1898 gegründet und ist so gut, dass hier auch schon Míkis Theodorákis, Brigitte Bardot und Liz Taylor speisten. Der Fisch zum Festpreis auf der Karte ist zumeist tiefgefroren oder aus Fischzuchtbetrieben angeliefert worden. Garantiert frisch ist der Fisch, der nach Gewicht angeboten wird (Tagespreis, meist 62–70 €/kg).
Odós Erechthéos 16/Ecke Odós Erotokrítou, Pláka, T 210 321 87 34, www.psaras-taverna.gr, tgl. ab 12 Uhr, Metro: Syntágma

Wie in einer anderen Stadt
Voliótiko Tsipurádiko 🍴 B 5
Vólos ist eine mittelgriechische Stadt am Ansatz der Pílion-Halbinsel. Früher war es ein Zentrum der griechischen Ziegelherstellung. Mit Bezug darauf prägen Ziegelwände die Außenfront und die Innenräume des Lokals. Der Name der Taverne bedeutet soviel wie ›Tresterschnapskneipe im Stile von Vólos‹. Dort ist es üblich, sich in ein Lokal zu setzen, eine winzige Karaffe (0,1 l) Tsípouro, also Tresterschnaps, zu bestellen und dazu kleine Leckereien nach Wahl des Wirtes serviert zu bekommen. Das ist hier nicht mehr der Fall, der Gast wählt sein Essen ganz normal aus der Karte aus. Tsípouro aus Vólos aber gibt es neben Wein, Bier und Softdrinks durchaus. Die typische kleine Karaffe Tsípouro dazu kostet 3,50 €, der Liter offener Wein 9 €. Kulinarisch nähert man sich Vólos, wenn man gegrillte Sardinen (7 €) und Lammkoteletts (32 €/kg) ordert. Am Wochenende erklingt griechische Livemusik.
Odós Lepeniótou 1/Ecke Odós Nav. Apóstoli, Psirrí, T 210 322 36 91, Do 17–1, Fr/Sa 12–1 Uhr, www.voliotiko-tsipuradiko.gr, Metro: Thisío

Satt & glücklich

NACHHALTIG UND GESUND

Die Küche der alten Hauptstadt
Avlí 🍴 E 2

Die 1983 gegründete Taverne liegt in einer ruhigen Fußgängerzone mit viel Altathener Flair und modernen Graffiti an allen Hauswänden mitten im Studenten- und manchmal auch Chaotenviertel Exárchia. Auch griechische Autonome und Anarchisten schätzen hier die von den Traditionen der Griechen aus Konstantinopel (Istanbul) und Kleinasien geprägte Küche, für die Zimt und Koriander kennzeichnend sind. Auch Vegetarier werden hier rundum zufrieden sein. Die Preise sind mit 7–9 € fürs Hauptgericht volkstümlich, der Salat Politikí aus Weißkohl, Paprika, Karotten und Granatapfelkernen ist allein schon den Weg dorthin wert.
Odós Methónis 43, Exárchia, T 210 383 81 67, tgl. ab 13 Uhr, Metro: Omonia.

Vegetarisch, vegan, glutenfrei
Avocado 🍴 Karte 3, D 6

In dieser Oase für Vegetarier und Veganer setzt man auf gesunde Genüsse regionaler Herkunft. Gemüsefrikadellen sind ebenso im Angebot wie Wurst aus verschiedenen Pilzsorten oder vegetarische Paella. Auch süß geht's gesünder: Die ›rohe Schokoladentorte‹ ist zuckerfrei, aber sehr aromatisch durch Kakao, Kokosnussöl und Mandelkruste. Organische Weine runden eine Mahlzeit hier ab.
Odós Nikis 30, Pláka, T 210 323 78 78, www.avocadoathens.com, Mo–Sa 11–22, So 11–19 Uhr, Metro: Syntágma

Überraschend gut
Ydría 🍴 Karte 3, C 6

Mitten im Touristentrubel ist dieser alteingesessene Familienbetrieb ganzjährig ein Anlaufpunkt für moderne Athener. Viele Hecken und Beete gliedern den Platz vor der Rückwand der antiken Hadriansbibliothek, schaffen Intimität in

Trotz des Touristenansturms auf die Pláka findet sich hier am Abend so manche ruhige Restaurantterrasse.

Satt & glücklich

der Masse. Morgens treffen sich hier die Lehrer einer nahe gelegenen Schule, um ihren zweiten Kaffee zu trinken, auch spätabends ist noch viel los. Convenience Food hat hier trotz der hohen Gästezahl keinen Platz, vieles auf der Karte wird täglich frisch im Haus zubereitet, wie etwa die Spinat-Teigtasche Spanakópitta mit Fenchel (ca. 7 €).
Odós Adrianoú 68/Platía Agorás, Pláka, T 210 325 16 19, www.ydria.gr, tgl. 8–1 Uhr, Metro: Monastiráki

UNGEWÖHNLICH

Stilvolle Vielfalt
Anthémion B/C 5
Im stilvollen historischen Ambiente einer Stadtvilla aus dem Jahr 1890 und deren offenem Innenhof pflegt Küchenchef Vangélis Stabélos das klassische griechische Mezé. Die Portionen sind also so bemessen, dass man zu viert leicht 12 verschiedene Gerichte bewältigen kann. Die Tische sind fein gedeckt, an den Wänden hängt Kunst. Zu den sonst kaum zu findenden Leckereien gehören z. B. Rochenflügel in Weinsauce, Rinderzunge in Pfeffersauce, gefüllte Scampi oder Lachs in einer Brandy-Honig-Sauce. Standardgetränke zum Essen sind gute griechische Weine oder auch der griechische Tresterschnaps Tsípouro.
Odós Agíou Dimitríou 13, Psirrí, T 210 331 13 79, www.anthemioncuisine.gr, Di -So ab 14 Uhr, Metro: Monastiráki

Ein Hauch von Nordsee
Atlantikós B 5
Matjeshering und Fischbrötchen gibt es in ganz Hellas nicht. Im Szeneviertel Psirrí bekommt man neuerdings aber zumindest eine griechische Variante des Fischbrötchens: gebratene Scholle oder gebratenen Kabeljau im Fladenteig *pítta*. Zu diesem ›Psarósandwich‹ passt eine billige Flasche Retsína Malamatína aus Nordgriechenland. Für Griechen, die auf ihre fischige Lieblingsspeise nicht verzichten mögen, stehen aber auch Garidomakarónia auf der Karte, Spaghetti mit Shrimps (ca. 10 €).

Woran erkennt man in der Taverne Touristen? Sie bestellt Moussaká, er Gyros oder Souvláki. Dazu teilen sich beide einen *choriátiki*, einen Bauernsalat. Wer wird hingegen vom Wirt als Landeskenner betrachtet? Beide teilen sich das Hauptgericht und mindestens zwei Salate. Chórta vielleicht, einen grünen Salat aus gekochten Wildgemüseblättern wie Mangold oder Löwenzahn, dazu gekochte Rote Bete *(patsarjá)* samt Blättern mit dem Knoblauch-Kartoffel-Püree *skordaljá* und eventuell noch das Fischrogenpüree *taramá*.

Odós Avlitón, Psirrí, T 213 033 08 50, Mo–Do ab 14, Fr–So ab 12 Uhr bis weit in die Nacht, Metro: Monastiráki

Wo Hollywood speist
Daphne's Karte 3, D 7
Das kleine Restaurant mit bemalten Wänden und leicht zum Kitsch tendierendem Dekor bietet im Sommer auch einen kleinen Innenhof zwischen den Ruinen eines alten Hauses. Besonders stolz ist man hier auf die vielen Prominenten, die bereits in diesem Lokal speisten: Hillary Clinton, Meryl Streep, Roger Moore, Nicholas Cage und Königin Sophia von Spanien zum Beispiel. Die Küche ist klassisch griechisch ohne besondere Kreativität, die Preise sind für die gute Qualität mit ca. 20–30 € fürs Hauptgericht noch angemessen.
Odós Lysikrátous 4, Pláka, Tel. 210 322 79 71, www.daphnesrestaurant.gr, tgl. ab 20 Uhr, Metro: Akropóli

Ein eiskaltes Erlebnis *gesehen*
Hans & Gretel Karte 3, B 6
Im auch innenarchitektonisch märchenhaften Lysissalon können Sie zusehen, wie die röhrenförmigen Waffeln für den Chimney Cake stets frisch gebacken werden. Mit verschiedenen Eissorten und anderen Zutaten gefüllt, sind sie

Satt & glücklich

ein schornsteinförmiger Hochgenuss. Frozitos in Slushy Cups gibt es in neun verschiedenen Sorten, dazu zur Selbstbedienung Marshmallows, Trüffel, Candies und Lollipops. Sitzplätze fehlen, man setzt sich einfach auf eine Bank oder ein Mäuerchen auf der Gasse.
Odós Adrianoú 48, Monastiráki, T 210 331 51 68, www.hansandgretel.gr, tgl. ab 10 Uhr, Metro: Monastiráki

Modern Street Food als griechisch-japanische Synthese
Nolan Karte 3, D 6
Kóstas Pissiótiss und sein Küchenchef Sotíris Kontízas haben Athen 2016 um ein kleines Restaurant bereichert, in dem moderne griechische und japanische Küche miteinander verschmelzen. Harmonie ist aber nicht nur auf den Tellern und in den Schüsselchen das Motto, sondern auch bei der Innenarchitektur. Marmor und graue Mosaike im Stil der 1970er-Jahre verschmelzen mit zeitgemäßem Minimalismus, die Farben üben sich in Zurückhaltung, die Tische sind grau, die Stühle schwarz. Die Karte wechselt mehrmals monatlich, Frische ist oberstes Gebot. Auch die Fleischgerichte sind ausgesprochen fettarm – und jede Portion gerät hier zum Fest fürs Auge. Meine Lieblingsgerichte: Entenschenkel mit Haselnuss-Pickles und Grüne Bohnen mit Leber, Orange und Birne.
Odós Voulís 31–33, Pláka, T 210 324 35 45, Di–So ab 19 Uhr, Metro: Syntágma

ÜBRIGENS

Asiatische Küche in Athen – gibt's das? Das erste chinesische Restaurant, das Mitte der 1970er-Jahre eröffnete, musste schnell wieder schließen. Griechen mieden es, weil es dort zum Essen kein Brot gab. Inzwischen aber lieben viele Athener exotische Genüsse. Ein Zentrum für gute asiatische Küche ist in der Pláka die Odós Apóllonos zwischen Odós Níkis und Odós Voulís (Karte 3, D 6). Da liegen dicht an dicht die **Noodle Bar** (asiatische Nudelgerichte und Suppen), das japanisch-koreanische **Dosirak**, die chinesischen Lokale **East Pearl** und **Jing**, drei japanische **Sushi-Bars** und zwei **indische Restaurants**. Nicht weit davon entfernt setzt die **Taqueria Maya** (Karte 3, D 6; Odos Petráki 10, Emborikó Trígono, www.taqueriamaya.com) auf authentische lateinamerikanische Küche. Wer es lieber US-amerikanisch mag, geht zu **T.G.I. Friday's** (F 6; Odós Neof. Vámva, Kolonáki, www.fridays.gr). Da gibt es auch den besten Long Island Ice Tea der Stadt.

Fein speisen in der Edelpassage
Pasají E 5
In Athens schönster Passage nimmt das Pasaji viel Platz ein. Die drei Chefköche Áris Tsanaklídis, Jánnis Vidálas und Jánnis Chrisochoídi haben hier zwei Drei-Gang-Menüs kreiert (18 bzw. 26 €), bei denen allein schon der Salat als Vorspeise eine ungewöhnlich leckere Komposition ist. Ruccola, Babyspinat, Linsen, Minze, thrakischer Käse und eine Johannisbrotsirup-Vinaigrette schaffen großen Genuss. Wer nur eine gesunde Kleinigkeit mag, bestellt Trachaná mit Fétta-Käse, eine Weizenschrotsuppe. Abends können Sie sich auch nur zum Cocktail niederlassen. Barchef John Samarás hat viele Signature Cocktails geschaffen, darunter den »Windy Island« mit nordirischem Bushmills-Whiskey, Kamille, Melonen- und Zitronensorbet.
Stoá Spirómiliou (Passage im Attica-Kaufhaus), Syntágma, T 210 322 07 14, www.pasajiathens.gr, Mo–Sa 13–1.30, So 13–21 Uhr, Set Menu nur Mo–Fr, Metro: Syntágma

Eine der letzten Tablett-Tavernen
Scholarhío Karte 3, C 7
Bis in die Nachkriegszeit hinein gab es in Griechenland noch viele Tavernen, in denen ein Kellner mit einem Tablett an den Tisch kam, auf dem die verschiedensten kleinen Teller mit Leckereien

Satt & glücklich

standen. Der Gast wählte, was er wollte, und ließ den Tisch damit vollstellen. Inzwischen sind diese Tablett-Tavernen zur echten Rarität geworden. Im Scholarhío, dem klassizistischen Bau eines Rektorenhauses, wird das System weiterhin kunstvoll gepflegt. Wein, Wasser und eine gewisse Anzahl von Tellerchen gibt es zum Festpreis von 15 €/Person. Draußen und drinnen kann man jeweils auf zwei Etagen sitzen. Wer rechtzeitig reserviert, darf auch an dem jeweiligen Zweiertisch auf den beiden Balkonen Platz nehmen und sein Dinner quasi ganz privat genießen.

Odós Trípodon 14, Pláka, T 210 324 76 05, www.scholarhio.gr, tgl. ab 11 Uhr, Metro: Syntágma

Für Süßmäulchen
Serbétia tou Psirrí 🍴 B 5
In dieser kleinen, klassischen Konditorei mit Außenplätzen auch auf der Straße geben sich süße Leckereien aus Griechenland, dem Orient und Westeuropa ein Stelldichein. Beim Genuss des Love Cake mit warmem Praliné-Sirup schwebt man auf Wolke Sieben. Das orientalische Kiunefe mit süßem Büffelkäse gilt als ein Dessert der Engel. Wie bei einer griechischen Mama schmeckt der lockere Walnusskuchen Karidópitta. Am besten bestellen Sie eine Pikilía – eine Auswahl aus vier oder fünf verschiedenen Leckereien mit einem Berg Masticha-Eis.

Odós Eschyloú 3, Psirrí, T 210 324 58 62, www.serbetia.gr, Mo–Do und So 10–2, Fr/Sa 10–4 Uhr, Metro: Monastiráki

Jamie Oliver hat's gefallen
To Kafeneío 🍴 Karte 3, C/D 7
Draußen auf der Gasse sehen die Stühle in drei Farben schon sehr einladend aus. Drinnen fühlt sich der Gast fast wie in einem kleinen Salon aus dem 19. Jh. Hierher kommt man nicht, um Menüs zu bestellen, sondern lässt sich Mezedákia auftischen, eine Vielzahl leckerer Kleinigkeiten. Da gibt es Saganáki, gebratenen Käse mit Honigsauce, gegrillten Mastéllo-Käse von der Insel Chíos oder 100 g Räucheraal mit einer Ouzo- und Dillsauce (12,90 €). So viel wie Jamie Oliver bei seinem Besuch wird wohl kaum ein anderer Gast bestellen. Er hat hier 18 verschiedene Mezedákia und vier Desserts verkostet. Sein Fazit: »Ich habe noch nie so viel Verschiedenes aus einer so kleinen Küche genossen.« Und die ist übrigens offen einsehbar.

Odós Epichármou 1, Pláka, T 210 324 69 16, www.tokafeneio.gr, tgl. 10–1 Uhr, Metro: Syntágma

Das Leben geht weiter … auch wenn man für die kreative Edelküche im Restaurant Pasají ganz kurzfristig sogar sterben wollte.

Stöbern & entdecken

Freiheit ist für die Griechen noch ein bedeutsames Wort. Sie schätzen sie auch beim Shoppen. Die Einkaufsmeilen werden noch nicht vom Einheitslook der großen Filialisten geprägt, obwohl auch hier Zara und H&M gern angesteuert werden. Dominierend sind aber die individuell, oft noch von den Inhabern selbst geführten Geschäfte. Shopping Malls sind nur am Stadtrand zu finden, entsprechend groß ist das Warenangebot.

Angenehm für den Kunden ist der Hang zur Clusterbildung: Häufig sind Läden der gleichen Sparte unmittelbar nebeneinander angesiedelt. Angenehm für die Mitarbeiter ist es, dass viele nichttouristische Geschäfte am Dienstag- und Donnerstagnachmittag geschlossen bleiben. Ihnen muss trotzdem nicht langweilig werden. In der Pláka und im Flohmarktviertel Monastiráki zumindest sind nahezu alle Läden an allen sieben Tagen der Woche von etwa 10 Uhr bis kurz vor Mitternacht einnahmewillig.

Ein Dorado ist Athen vor allem für Schuh-Fetischistinnen und leidenschaftliche Trödelsammler. Hier ist das Angebot auch überwiegend genuin griechisch. Juweliere jeder Preisklasse sind häufig, Naturkosmetika griechischer Provenienz erleben gerade einen großen Boom. Für alles, was ess- und trinkbar ist, ist das traditionelle Marktviertel um die Markthallen eine gute Adresse. Wer edle Kulinaria bevorzugt, ist rund um den Kolonáki-Platz und in der Abflughalle des Flughafens bestens aufgehoben.

ZUM SELBST ENTDECKEN

Von Stoá zu Stoá Eine Stoá ist im modernen Griechenland kein Ort für Philosophen, sondern eine Einkaufspassage. In der Vorkriegszeit erlebten sie ihren Boom, dann wurden sie arg vernachlässigt. Jetzt ist ein Revival im Gang. Schauen Sie mal in den Passagen an der Odós Stadíou und der Odós Panepistimíou zwischen Syntágma- und Omónia-Platz vorbei.

Rathausplatz Der weite Platz vor dem Athener Rathaus (Platía Kótzia 📖 C 4) an der Odós Athinás verwandelt sich mehrmals jährlich in ein Zelt- und Hüttendorf. Mal stellen da griechische Verleger ihre Gesamtproduktion aus, mal griechische Öko-Bauern ihre Erzeugnisse. Und im Dezember gibt es hier ebenso wie auf dem Syntágma-Platz einen Weihnachtsmarkt – sogar mit Glühweinständen.

Fashionistas aufgepasst: Die hübschen Hingucker sind hier meist etwas verspielt und sehr feminin.

Stöbern & entdecken

BÜCHER & MUSIK

Verständlich
Deutsche Buchhandlungen
Urlaubslektüre für sich und die Kinder vergessen? Deutsche Übersetzug eines antiken Dramas gesucht, das gerade in Athen aufgeführt wird? Die deutschen Buchhandlungen in der Stadt helfen:
Konstantinopoúlou-Loeb 🗺 D 5: Odós Omiroú 4/Ecke Odós Stadíou 10 (in der Passage), Metro: Panepistímio.
Nótos 🗺 E 4: Odós Omiroú 15 (gegenüber vom Goethe-Institut), Metro: Panepistímio.

Asterix & Co.
Relax your soul 🗺 E 2
Neue und alte Comics und Fantasy Art auf Englisch und Griechisch. An deutschen Comics besteht hier kein Interesse, wenn sie nicht Anti-Merkel sind.
Odós Solomoú 5a, Exárchia, www.relaxcomics.com, Mo, Mi und Sa 10.30–16, Di, Do und Fr 10.30–20 Uhr, Metro: Omonia

Back to the roots
Mr. Vinylios 🗺 Karte 3, B 5/6
Eine Passage vollgepfropft mit alten Schallplatten. Hier schlägt das Musikherz schneller: es kann fast alles finden, was es begehrt: von Rock, Blues, Jazz bis hin zu Psychedelic, Heavy Metal und natürlich auch griechischer Musik.
Odós Ifestou 24, Monastiráki, Metro: Monastiráki

DELIKATESSEN & LEBENSMITTEL

Der Kaffee mit dem Papagei
Loumídis Coffee Shop 🗺 C 3
Eine der bekanntesten Kaffeeröstereien Griechenlands, die als erste auch koffeinfreien griechischen Kaffee produzierte, verkauft ihre diversen Kaffeesorten in markanten Tüten mit einem Papagei als Logo. Auch alles nötige Zubehör für die Zubereitung echt griechischen Kaffees ist hier erhältlich.
Odós Eólou 106/Ecke Odós El. Venizélou, Metro: Omonia

Klein, aber fein
Miseyánnis 🗺 F 5
Wer sich von der breiten Masse abheben will, kauft seinen Kaffee in dieser besonders guten von vielen kleinen Kaffeeröstereien in der Stadt.
Odós Levénti 7, Kolonáki, Metro: Evangelismos

Vitamine für Süßmäulchen
Desire 🗺 E/F 5
Die kleine Konditorei ist für ihre Pflaumen und Datteln mit Schokoladenüberzug stadtbekannt.
Odós Dimokrítou 6, Kolonáki, Metro: Syntagama

Das Lieblingsaroma osmanischer Haremsdamen
Mastiha Shop 🗺 E 5
Mastix ist ein Baumharz, das nur auf der griechischen Insel Chíos dicht vor der türkischen Küste gewonnen wird. Reines Mastixöl wird vor allem von der Parfumindustrie verwendet und kostet über 5000 €/l. Historisch bedeutsam wurde Mastix im griechischen Freiheitskampf (1821–1829): Weil Kaugummi und Konfekt mit Mastixgeschmack bei den Haremsdamen des Sultans sehr beliebt waren, ließ er bei einem Rachefeldzug gegen Chíos die Dörfer der Mastixbauern unversehrt. Im Mastiha Shop finden Sie Kaugummi und Konfekt, Marmeladen und Liköre, Kosmetika und Zahnpasta und manches mehr aus dem edlen Naturprodukt.
Odós Panepistimíou 6/Ecke Odós Kriezótou, Kolonáki, www.mastihashop.com, Metro: Synytagma

Quinoa Tricolore und griechische Kräuter
Angelidis Bachárika-Vótana 🗺 C 4
Der kleine Laden gegenüber dem Nordeingang zu den städtischen Markthallen ist eine wahre Fundgrube für gesunde Ernährung. Neben allerlei getrockneten Kräutern und vielerlei Gewürzen gibt es hier auch den in Griechenland ansonsten unbekannten glutenfreien Buchweizen *(fafópyro),* Quinoa in vier unterschiedlichen Sorten und Farben, darunter auch Quinoa Tricolore, das scharfe Paprikagewürz Búkovo und Pligoúri, griechischen Weizenschrot. Für

99

Stöbern & entdecken

den Weihnachtstisch hält man ganzjährig große Exemplare der Rose von Jericho bereit. Das Wüstengewächs überdauert jahrelang ohne einen Tropfen Wasser und färbt sich dann blitzschnell grün ein, sobald man es in Wasser legt.

Odós Sofokléous, Marktviertel, Mo–Sa 8–16 Uhr, Metro: Omonia

GESCHENKE, DESIGN, KURIOSES

Was ist Ihre Lieblingsgestalt?
Amorgós 🛈 Karte 3, D 6
Der äußerst fotogene Laden wirkt wie ein Museum des griechischen Schattenspiels – aber all die farbigen Schattenspielfiguren stehen zum Verkauf. Dazu Kleinmöbel, die der Eigentümer selbst beschnitzt und bemalt hat, hochwertige Webarbeiten und Stickereien sowie allerlei geschmackvoller Trödel.

Odós Kodroú 3, Pláka, Metro: Syntágma

Kaufen beim Kaffeetrinken
Centre of Hellenic Traditions 🛈
Karte 3, C 6
Während Sie hier einen griechischen Kaffee trinken, der noch ganz traditionell im heißen Sand bereitet und im Messingkännchen serviert wird (so serviert ›kafé tou chóvoli‹ genannt), schweifen Ihre Augen über allerlei Kunsthandwerkliches und Traditionelles, von dem viel auch gekauft werden kann. Besonders schön sind die Keramik, Bemaltes und Geschnitztes aus Holz und alte Hirtenstäbe.

Odós Pandrósou 36, Pláka, Metro: Monastiráki

Aus dem Schlaf geholt
To Ellinikó Spíti 🛈 D 7
Dimítris Kouteliéris sammelt am Strand, in verlassenen Bootswerften und anderswo alte Hölzer, aber auch Schiffsteile, Spiegel, Rahmen und vieles mehr. Daraus fertigt er dann Möbelstücke, Kunstobjekte und Dekorationsgegenstände. Wie er es ausdrückt, betrachtet er funktionslos gewordene Dinge nicht als tot, sondern nur als eingeschlafen. Durch seine Arbeit erweckt er sie zu neuem Leben.

Odós Kékropos 14, Pláka, Metro: Syntágma

Fantastisch, witzig und schön
Dexípos Art Gallery 🛈 Karte 3, C 6
»Not excavated yet«, »Noch nicht ausgegraben« heißt eine Serie von exklusiven Terrakotten des Künstlers Antónis Pálles. Damit hat er Kunstwerke im Stil antiker Epochen geschaffen, die man sich so in archäologischen Museen durchaus vorstellen könnte. Aber sie sind nicht wirklich alt, sondern nur der Fantasie des Künstlers entsprungen. Sein bevorzugtes Sujet ist das Trojanische Pferd. 100–6000 Euro muss man ausgeben, um eine seiner Arbeiten erwerben zu können.

Odós Dexíppou/Ecke Odós Pánou, Pláka, Metro: Monastiráki

Nicht nur für Schwarzbrenner
Bábis 🛈 B 5
Gegenstände aller Art aus Kupfer und Bronze füllen den Laden. Vieles passt ins Souvenirregal, Lampen funktionieren noch. Etwas unhandlich sind nur die großen Destillationskessel, in denen einst der griechische Tresterschnaps Tsípouro gebrannt wurde.

Odós Navárchou Apostóli 12

Made in Greece
T-Greeks 🛈 Karte 3, C 6
T-Shirts in guter Qualität, Schals, Kaffeebecher – alles in Griechenland designt und hergestellt.

Odós Dexíppou 3, Pláka, Metro: Monastiráki

Museumsreif
Ilías Lalaoúnis 🛈 E 5
Der im Dezember 2013 verstorbene Ilías Lalaoúnis war der wohl berühmteste Juwelier Griechenlands. Schon zu Lebzeiten erbaute er sich und seiner Arbeit ein eigenes Museum nahe der Akropolis. Er und seine heutigen Nachfolger arbeiten vorwiegend mit Gold und bevorzugen sehr opulente Formen, die oft auf byzantinischen Traditionen beruhen.

Odós El. Venzélou 6/Ecke Odós Voukourestíou, Kolonáki, www.iliaslalaounis.eu, Metro: Syntágma.

Tierisch gut
Fanourákis 🛈 G 5
Eine Spezialität des schon seit 150 Jahren bestehenden Hauses sind Broschen

Stöbern & entdecken

Alt, aber schön! Auf dem Athener Flohmarkt in Monastiráki, auf der Platía Avissinías, findet sich unter viel Gerümpel das eine ganz besondere Stück ...

in Form von Käfern, Schmetterlingen und anderen Insekten. Anders als Lalaoúnis versucht Designerin Lina Fanourákis nicht zu protzen, sondern feine, dezente Schönheit zu schaffen.
Odós Patriarchoú Ioakím 23, Kolonáki, www.fanourakis.gr, Metro: Evangelismos

Olympisch siegreich
Élena Vótsi 🅐 F 5
Die Schmuckdesignerin Élena Vótsi, die die olympischen Medaillen für die Spiele in Athen 2004 entwarf, hat auch schon für die Nobelmarke Gucci gearbeitet. Als Materialien bevorzugt sie Amethyst, Aquamarin und Koralle. Auch in griechischen Museumsshops ist sie als Schöpferin von Schmuck mit historischen Bezügen begehrt.
Odóos Xanthoú 7, Kolonaki, www.elenavotsi.com, Metro: Evangelismos

Weltbekannt und griechisch
Korres 🅐 Karte 3, D 6
In seiner Athener Filiale breitet der griechische Naturkosmetikhersteller, dessen Produkte u. a. auch in vielen deutschen Apotheken erhältlich sind, sein gesamtes Sortiment aus.
Odós Ermoú 4/Ecke Odós Níkis, Syntágma, www.korres.com, Metro: Syntágma

MODE, SCHUHE & ACCESSOIRES

Namhaft und erschwinglich
Anna Riska 🅐 F 5
Schon seit den 1980er-Jahren entwerfen und produzieren Anna Riska und ihr Team elegante, zeitlose Damenmode für alle Anlässe, die besonders die Feminität der Trägerin betonen will. Zehn Läden in Griechenland zeugen von der Beliebtheit. Kein Wunder, denn Blusen und Hosen gibt es hier schon für unter 100 Euro.
Platía Filikís Eterías/Odós Tsakálof, Kolonáki, www.annariska.gr, Metro: Syntágma.

Mode für Vollschlanke
Katsigiáni 🅐 Karte 3, C 6
Griechische Kundschaft hat dieser Laden genug. Wer den Film »My big, fat greek wedding« gesehen hat, versteht auf jeden Fall warum. Auf zwei Etagen werden internationale Mode und eigenes Design in großen Größen präsentiert.
Odós Kapnikareás 2/Ecke Odós Ermoú, Emborikó Trígono, Metro: Monastiráki

Stöbern & entdecken

Allerlei Leder
Kourouniótis B 5
1978 beschlossen die drei Kourouniótis-Brüder, ihre eigene Lederfirma zu gründen. Sie besaßen bereits umfangreiche Kenntnisse in der Lederverarbeitung vom Gerben bis zum Design. Heute bieten sie in ihrem recht altmodischen Laden relativ preiswerte Lederjacken und -mäntel, Koffer, Geldbörsen, Handtaschen, Gürtel und andere Accessoires aus eigener Produktion unter dem Markennamen ›Koúros‹ und dazu auch Importware an.
Odós Miaoúli 15, Psirrí, www.kourosleather.gr, Metro: Monastiráki

Filmreif
Léna Katsanídou G 5
Das flamboyante Design der griechischen Modeschöpferin Léna Katsanídou fällt in Form und Farbe völlig aus dem üblichen Rahmen. Ihr Motto: »Jede Frau sollte so aussehen, als sei sie gerade einem Hollywood-Streifen entstiegen.« Auch im Angebot: Schmuck und Accessoires wie Handtaschen und Gürtel.
Odós Loukianoú 21, Kolonáki, Metro: Evangelismos

Minimalistisch und klassisch
Ioánna Kourbéla Karte 3, D 7
Ioánna Kourbéla repräsentiert die dritte Generation einer Athener Textildynastie. Sie will urbane Mode für Sie und Ihn kreieren, setzt dabei vor allem auf Naturmaterialien wie Baumwolle, Leinen, Wolle und Seide. Ihr Design-Credo lautet ›Minimalistische Ästhetik‹ und ›Klassische Harmonie‹. Besonders leidenschaftlich widmet sie sich ihrer »White Collection«: Brautkleider, von Romantik geprägt. Im Athener Sommer wird aber wohl ihre Bademode mehr interessieren.
Odós Adrianoú 109, Pláka, www.ioannakourbela.com, Metro: Syntágma

Freizeitmode für Sie und Ihn
Haris Cotton Karte 3, D 7
Freizeitmode aus Baumwolle und Leinen stehen im Mittelpunkt der zweimal jährlich neuen Kollektionen von Haris und Eva. Er wird ebenso fündig wie Sie, und auch Übergrößen werden angeboten. In Griechenland ist das Label hoch angesehen, eigene Läden betreibt es auch auf Rhodos, Mykonos und Santorin. Trotzdem sind die Preise gut. Angenehm: Zu den Textilien sind immer auch einige passende Accessoires im Angebot.
Odós Adrianoú 101, 111 und 136, Pláka, www.hariscotton.gr, Metro: Syntágma

Exklusives um Hals und Hüfte
Thalassa Collection G 5
Alle seidenen Schals, Tücher, Blusen und Pareos wurden von den Ladeninhaberinnen selbst entworfen, jedoch in Italien hergestellt. Inzwischen führen sie auch Krawatten mit Evzonen, Kykladenidolen oder griechischen Buchstaben als Muster. Ihre Produkte werden u. a. in den Museumsshops des Nationalmuseums in Beirut (Libanon) und im Islamischen Museum im Emirat Katar angeboten.
Odós Patriarchoú Ioakím 30–32, Kolonáki, www.thalassacollection.com, Metro: Evangelismos

Schräg wie kein anderer
Remember Now Antifashion B 5
Dimítris Tsouátos hat in den letzten 40 Jahren viele Punks und Heavy-Metal-Fans, Rocksänger und Filmstars eingekleidet. Iron Maiden, Lana del Rey und Kim Gordon gehörten zu den Kunden. Jetzt haben sein Sohn Yánnis und dessen Frau Athiná den irren Laden übernommen, aber der Papa mischt immer noch fleißig mit und steuert verrückte Ideen bei. »Tragbare Kunst« nennt das Team seine teilweise handbemalten Textilien und Schuhe.
Odós Eschyloú 28, Psirrí, Metro: Monastiráki

Schuhe fetzig oder klassisch
Tsakíris Málas Karte 3, D 6
Seit 1969 gehört das Unternehmen zur Avantgarde in der griechischen Schuhindustrie. Als gute Griechen hat man eine eigene Philosophie, will, dass die Schuhe im erotischen Dialog zwischen der Trägerin und ihrer Figur vermitteln. Das Design ist klassisch, häufiger aber

fetzig. Die Schuhe sollen der Trägerin Selbstsicherheit verleihen – die braucht sie schon, um diese Schuhe anzuziehen. Die Preise für neue Modelle liegen meist zwischen 60 und 140 Euro. Neuerdings sind übrigens auch Handtaschen im Angebot.
Odós Ermoú 14, Syntágma, Metro: Syntágma

Der andere Schuh
Moschoútis 🛍 Karte 3, D 6
Wer das Ausgefallene sucht, wird hier fündig: witzige, poppige und doch schicke Damenschuhe nach mutigem hauseigenem Design.
Odós Ermoú 12, Metro: Syntágma

Flagge zeigen
Koúros 🛍 Karte 3, D 7
Der Laden ist eigentlich ein Allerweltssouvenirladen. Er führt jedoch exklusiv in der Altstadt ganz besondere Sportschuhe aus einer trendigen Schuhfabrik bei Pátras auf dem Peloponnes. Sie sind mit allerlei griechischen Motiven bedruckt. Bekennende Griechenlandfreunde kaufen selbstverständlich die Modelle mit der griechischen Flagge ca. 30 €).
Odós Adrianoú 99, Pláka, www.celdes.com, Metro: Syntágma

Im Kaufhaus Attica bekommt Frau alles, was gut und teuer ist.

Einmal im Leben
Kalógyrou 🛍 F 5
Die wohl teuersten Schuhe internationaler Provenienz dürfen Sie hier zumindest einmal anprobieren. Für 700–1500 Euro können Sie natürlich auch ein Paar erstehen.
Odós Patriarchou Ioakím/Ecke Platía Filikís Eterías, Kolonáki, Metro: Syntagma

Alles recycelt
3Quarters 🛍 B/C 5
Schicke Handtaschen und Street Bags ausschließlich aus recycelten Materialien.
Odós Ag. Dimitríou 19, Psirrí, www.3quarters.design, Mi–So 12–20 Uhr, Metro: Monastiráki

---

KAUFHÄUSER

Kaufhäuser spielen in Athen bei weitem nicht die Rolle wie in deutschen Großstädten. Nur vier sind der Rede wert. Das **Hondos Center** (📍 C 3) am Omónia-Platz könnte wegen seiner besonders großen Parfümerie- und Drogerieabteilung sowie seiner Cafeteria auf dem Dach interessant sein. Das **Public** (📍 D 6) am Syntágma-Platz wendet sich an Elektronikfans, seine Dachterrasse gehört zu den attraktivsten der Stadt. Die **Nótos Galleries** (📍 C 3) am Omónia-Platz punkten mit preiswerten Textilien. Star unter den Kaufhäusern ist das **Attica** (📍 E 5) nahe dem Syntágma-Platz (Odós Panepistímiou 9). Über acht Etagen präsentiert es, was gut und teuer ist und internationale Labels trägt. Im VIP-Raum können Scheichs und andere Großverdiener sich auch sämtliche Kollektionen in privater Atmosphäre präsentieren lassen – und natürlich werden auch alle Einkäufe ins Hotel gebracht. Im obersten Geschoss lädt zudem ein hippes Café-Restaurant zu hochpreisigen Genüssen mit Blick aufs Heinrich-Schliemann-Haus ein.

Athens größte Shopping Mall ist **The Mall** im Stadtteil Maroúsi (Metro: Neratiótissa). Der Zeitaufwand lohnt aber echt nicht. Kommen Sie vorm Abflug lieber etwas früher zum **Airport**: Die dortige Shopping Mall beginnt gleich hinter dem Bordkartencheck und ist deutlich interessanter.

Wenn die Nacht beginnt

ZUM SELBST ENTDECKEN

Nightlife am Meer Im Sommerhalbjahr zieht's viele Athener abends ans Meer. Glyfáda wird zum Trendsetter. Und auch die vielen großen Bouzoúkia an der Uferstraße haben dann Hochsaison. 50 € pro Person gibt man da jedoch leicht aus.

Openair-Festival Openair-Konzerte finden im Sommer auf dem Lykavittós häufiger statt. Athens größtes Openair-Festival lockt Ende Juni/Anfang Juli in den Terra Vibe Park 37 km nördlich von Athen. Da steigt dann das dreitägige Rockwave Festival (www.rockwave festival.gr).

Stand-up Comedy Auch internationale Comedians treten im Badminton Theater im Olympiapark des Stadtteils Goúdi auf (www. badmintontheater.gr).

Wer hierzulande Helene Fischer oder gar die Kastelruther Spatzen schätzt, wird nicht gerade zur musikalischen Avantgarde gerechnet. Die meisten Griechen, auch die jüngeren, haben ein anderes Verhältnis zu Texten in ihrer eigenen Sprache und auch zu ihrer traditionellen Musik. Sie tanzen sogar noch danach.

Natürlich wird auch die internationale Szene gehört. Aber anders als bei den Spirituosen, wo der Whisky den Ouzo längst von den Spitzenplätzen verdrängte, wird Míkis Theodorákis noch immer ebenso geschätzt wie Rihanna. Das merkt man in den Musiktavernen. Griechische Livemusik bieten viele Tavernen und Restaurants an Wochenenden, spezielle Musiktavernen an jedem Abend. In den Discos erklingt umso mehr griechische Musik, je später der Abend. Zahlreich sind die Ellinádika, in denen nur moderne griechische Musik gespielt wird. Studenten gehen in Rembétika-Lokale, spendierfreudige Ältere in die Bouzoúkia. Getanzt wird überall außer in Bouats, in die man nur zum Zuhören geht.

Ohne Livemusik kommt man in Athen freilich auch in Fahrt. Groß im Trend liegen schicke Cocktailbars. Die Preise sind denen bei uns ähnlich, doch das Mischungsverhältnis ist sehr viel promillehaltiger. Hier wie überall gilt: Vor 21 Uhr ist nirgends etwas los – und nach 2 Uhr das meiste schon wieder geschlossen.

Die traditionelle Bouzouki wird auch in Jugendkneipen gern und oft gespielt.

Wenn die Nacht beginnt

BARS UND CAFES

Mit die besten Cocktails Europas
Baba au Rum ✪ D 5

Die von außen unscheinbare, nach einem französischen Rum-Hefekuchen benannte Bar gehört zu den 50 Topadressen weltweit, wenn es um Cocktails geht. Nur edle Spirituosen und griechische Kräuter aus organischem Anbau kommen ins Glas. Vorteilhaft für die Gäste: Viele Cocktails gibt es in zwei Größen, sodass ein Streifzug durch die Karte nicht im Fiasko enden muss. Auf der Karte und der Homepage wird die Geschichte der diversen Cocktails erzählt, werden die Ingredienzen angegeben. Cocktail-Klassiker wie Bloody Mary oder The Buccaneer's Negroni kosten ab 6 €, Rumcocktails 7–21 €. In den Regalen stehen 152 Rumsorten aus aller Welt, es gibt griechischen Sekt und griechisches Bier sowie hausgemachte Soda. Alles ist schlicht, aber schön gestaltet. Schickeria geht anders – nur das Wohlfühlen zählt.

Odós Klitíou 6, Emborikó Trígono, T 211 710 91 40, www.babaaurum.com, So–Fr 19–3, Sa 13–4 Uhr, im August geschlossen, Metro: Monastiráki

Ganz schön anders
Booze Cooperativa ✪ C 5

Schon seit 1989 ist das dreigeschossige neoklassizistische Haus Heimat der Künstlerkooperative Booze. Nach eigenem Bekunden ist sie »nicht eigenartig, sondern nur nicht normal«. Die Bar im Erdgeschoss lädt zum Schachspielen am langen rechteckigen Tisch gleich am Eingang ein, Raucher sind ausdrücklich willkommen. Die Atmosphäre ist international, häufig finden abends Veranstaltungen wie modernes Tanztheater, Album Releases oder Live Acts statt. In verschiedenen Räumen werden Video Art, Fotografien und andere Kunstobjekte gezeigt. Es lohnt sich, vor einem Besuch einen genaueren Blick auf die Homepage zu werfen, wo auch die aktuellen Veranstaltungen angekündigt sind.

Odós Kolokotróni 57, Emborikó Trígono, T 211 405 37 33, www.boozecooperativa.com, tgl. ab 11 Uhr, Metro: Syntágma.

Billig, unscheinbar, sehr lebendig
Cantina Social ✪ B 5

Tagsüber ist die Cantina ein kleines, sehr simples Kafenío in einem Innenhof, an dem auch Handwerksbetriebe angesiedelt sind. Der griechische Mokka kostet nur 1,20 €, die meisten Gäste könnten sich auch kaum höhere Ausgaben leisten. Abends nach 21 Uhr verwandelt sich der Innenhof mit seinen Yucca-Palmen und Weihnachtssternen in einen Treff vor allem für jüngeres Publikum, das eher wenig Taschengeld hat. Bei zeitgemäßer Musik geht's vor allem um ›Socializing‹, das hier ganz hervorragend klappt. Das Glas Wein kostet ab 2 €, Bier wird aus der Flasche getrunken.

Odós Leokoríou 6–8, Monastiráki, T 210 325 16 68, Metro: Monastiráki oder Thisío

Etwas kitschig, heimelig, Niveau
Melína ✪ Karte 3, C 6

Ein wenig Wien, ein wenig altes griechisches Kaffeehaus und ganz viel Melína Mercoúri. Standfotos aus ihren Filmen, Porträts und Filmplakate zieren Wände und Tresen, dazwischen stehen Nippes, Kerzen und Kunstblumen. Die Musik ist dezent, der Service geruhsam. Süßmäulchen probieren die in Sirup eingelegten Feigen oder Bergamotten, den Walnusskuchen mit Eis. Zu Wein oder Cocktail mit oder ohne Alkohol am Abend bestellt man am besten die »Varieties for 2«, eine Fischhäppchen- oder Fleischhäppchenplatte.

Odós Lysíou 22, Pláka, T 210 324 65 01, tgl. ab 10 Uhr, Metro: Syntágma

Café mit volkskundlicher Abteilung und Bibliothek
I Oraía Éllas ✪ Karte 3, C 6

Das Café im ersten Stock eines ganz gewöhnlichen Hauses pflegt alte griechische Traditionen. Der griechische Mokka (2,50 €) wird hier noch in heißem Sand zum Aufwallen gebracht und in stilvollen Messingkännchen serviert, zum späten Mittagessen am Sonntag

Wenn die Nacht beginnt

erklingt traditionelle griechische Musik. Man sitzt zwischen allerlei griechischem Kunsthandwerk, an dem teilweise auch Preisschilder kleben, oder kann sich in die kleine Bibliothek zurückziehen, um Ruhe zu haben oder am Laptop zu arbeiten. Wer mag, kann hier auch essen, aber dafür gibt es viele schönere Orte.
Odós Mitropóleos 59/Odós Pandrósou, Pláka, T 210 321 68 50, tgl. 8–2 Uhr, Metro: Omonia

Fast wie in einer Karawanserei
Metamatic:taf ☼ B 5
Hier will man kein Café und keine Bar sein, kein Museum und kein Veranstaltungsraum, sondern ›Art space‹, ein Zentrum für internationalen kulturellen Austausch. Von außen völlig unscheinbar, betritt der Gast einen großen Innenhof mit Tischen und Stühlen, gesäumt von hässlichem Beton und über 140 Jahre alten, etwas brüchig wirkenden Häuserfronten. An einem zweigeschossigen Bau zieht sich ein langer traditioneller Balkon entlang, an den Baustil schlichter Karawansereien erinnernd. Verschiedene Räumlichkeiten gehen vom Innenhof ab. Der gesamte Komplex wird für Ausstellungen, Musik, Theater, Tanz und Lesungen genutzt, im Lokal im Innenhof werden vor allem griechische Getränke und kulinarische Spezialitäten aus dem ganzen Land gepflegt. Auch eine Art Museumsshop ist vorhanden.
Odós Normánou 5, Monastiráki, T 210 323 87 57, www.theartfoundation.metamatic.gr, Metro: Monastiráki

Bunte Flaschen, alte Fässer, gute Gespräche
Bréttos ☼ Karte 3, D 7 ✓
Das Bréttos ist so schön, dass sich viele Passanten gar nicht hineintrauen. Einige wenige öffnen die Tür, um ein schnelles Foto zu schießen. Frechere treten ein, fotografieren und gehen wieder. Wer sich hier wirklich niederlässt, hat das Ausleseverfahren geschafft und ist garantiert ein geselliger und gesprächsfreudiger Mensch. Gefördert wird die Kommunikation auch dadurch, dass man hier nur an einem einzigen langen Tisch oder zu beiden Seiten des Tresens sitzen kann. Das erlesene Publikum kommt aus aller Welt, auch viele griechische Athentouristen sind dabei. Die Musik ist international und dezent. In den Regalen stehen lauter bunte Flaschen – gefüllt mit Likören aus hauseigener Fabrikation (Achtung: sehr süß). Weitaus leckerer sind der hauseigene Ouzo, den es in Stärken von 40, 42, 46 und 48 % gibt, der hauseigene Brandy, der magenfreundliche Mastícha aus dem Harz des Mastixbaums und der schwarze Tentoúra aus Pátras, ein Likör auf Zimt-Nelken-Basis. Fast 80 griechische und internationale Weine werden auch glasweise ausgeschenkt Wer die Traditionsbar ohne neue Facebook-Freunde oder Telefonnummern verlässt, ist selbst Schuld.
Odós Kydathinéon 41, Pláka, T 210 323 21 10, tgl. 10–3 Uhr, Metro: Syntágma

Forum für junge Künstler nahe der Akropolis
Vryssáki ☼ Karte 3, B 6
In einem schönen Altbau in der Pláka ist ein ›Kunst- und Aktivitäts-Treffpunkt‹ zu Hause, in dem nicht nur Kunstausstellungen stattfinden, sondern auch Musik-, Tanz- und Theatervorstellungen. Man kann aber auch einfach nur hingehen, um im Café im Innenhof oder in der Bibliothek weltabgeschieden zu verschnaufen oder sich spätnachmittags von den vielen gesammelten Eindrücken bei einem Drink zu erholen.
Odós Vrysakíou 17, Pláka, T 210 321 01 79, www.vryssaki.gr, tgl. 11–23.30 Uhr, Metro: Monastiráki

DACHGÄRTEN

Edel und voll
A for Athens ☼ C 5
Einen freien Platz in der Bar auf dem Dach des gleichnamigen Hotels zu ergattern, ist Glückssache. Seit eine internationale Zeitschrift sie zu einer der 50 besten Cocktailbars der Welt ernannt hat, strömen abends die Athener herbei. Tagsüber kommen auch viele Urlauber, um den besonders guten Blick auf Pláka

Wenn die Nacht beginnt

und Akropolis zu bestaunen. Grandios ist dabei der Blick hinunter auf die ganz nahe Hadriansbibliothek, die von hier aus wie ein romantischer Barockgarten wirkt.
Odós Miaoúli 2–4, Monastiráki-Platz, T 210 324 42 44, www.aforathens.com, tgl. ab 11 Uhr, Metro: Monastiráki

Die Akropolis vom Whirlpool aus
Central ✪ Karte 3, D 6
Der öffentlich zugängliche Dachgarten des Hotels Central ist im Gegensatz zu den meisten anderen Dachgärten Athens ein recht stiller Ort und relativ klein. Über die Dächer der Pláka fällt der Blick auf die hier besonders nahe Akropolis. Wer zwischen April und Oktober Handtuch und Badezeug mitbringt, muss ihn nicht zwingend vom Barhocker aus genießen, sondern kann sich auch mit einem Glas in der Hand in den Whirlpool begeben, der zum Dachgarten gehört. Wenn viel Betrieb herrscht, sind die besten Plätze allerdings Essensgästen vorbehalten!
Odós Apóllonos 21, Pláka, T 210 323 43 57, www.centralhotel.gr, tgl. 11–24 Uhr, Metro: Syntágma

Luftig neben dem Gasometer
Gázi View ✪ westl. A 6
Gleich neben dem Gasometer des alten Gaswerks von Athen ragt ein kleines Hochhaus über die niedrigen Dächer der Umgebung, auf dem eine Dachgartenbar eröffnet wurde. Ein Fahrstuhl fährt hinauf. Ab 20 Uhr herrscht hier immer Hochbetrieb. Es gibt Fassbier und vielerlei Cocktails – und dazu einen Rundumblick über Athen. Nach dem Vorglühen geht es dann zum Essen in eine Taverne, bevor die Clubs an der Platía unterm Hochhaus volle Fahrt aufnehmen.
Odós Iakchoú 22, Gázi, T 210 346 45 28, www.facebook.com/gaziview, tgl. 11–4 Uhr, Metro: Keramikos

Der schönste Blick auf Pláka und Akropolis
Thissio View ✪ A 6
Zwischen diesem Dachgarten und der Akropolis steht kein einziges Haus mehr, üppiges Grün begleitet den Blick bis hin zum Götterfelsen. Außerdem ist der Blickwinkel von hier aus so, dass man alle vier erhaltenen Bauten auf der Akropolis bestens sieht: Parthenon, Erechtheion, Propyläen und Nike-Tempel. Da zahlt man gern die verlangten 3,80 € für die Cola oder die 9,50 € für einen Cocktail. Probieren Sie den Cocktail Rosita mit Tequila, Zitronensaft, hausgemachtem Chili-Sirup und Rosmarin.
Odós Apostólou Pávlou 25, Thisío, T 210 347 67 54, www.thissioview.gr, tgl. 8.30–1 Uhr, Metro: Thisío

Fast wie im Grünen
360 ✪ Karte 3, B 5/6
Wer am Monastiráki-Platz im A for Athens keinen Platz mehr gefunden hat, wird mit großer Wahrscheinlichkeit im gleich neben der alten Metrostation gelegenen 360 fündig. Der Blick ist hier zwar bei Weitem nicht so schön, dafür sitzt man aber zwischen vielen grünen Pflanzen. Ein Eistee kostet ca. 4 €, für Cocktails werden 9–11 € verlangt.
Odós Ifestou 2, Monastiráki, T 210 321 00 06, www.three-sixty.gr, tgl. 11–1 Uhr, Metro: Monastiráki

LIVEMUSIK

Songs für Studenten
Apanemiá ✪ Karte 3, C 6
Das kleine, fensterlose Lokal ist eine typische Bouat, also ein Musiklokal, in dem ausnahmsweise einmal nichts zu essen serviert wird. Fast jeden Abend – mit Ausnahme der Sommersemesterferien – treten andere Liedermacher und Musiker auf, das Publikum besteht überwiegend aus griechischen Studenten. Man kauft sich eine kleine Flasche Bier (9 €) statt einer Eintrittskarte, nimmt auf Stühlen, Treppen oder auch dem Fußboden Platz. Getanzt wird fast nie, dafür aber häufiger bei den zumeist politisch links anzusiedelnden Liedern mitgesungen.
Odós Tholoú 4, Pláka, T 210 324 85 80, Oktober–Juni mehrmals wöchentl. ab ca. 20 Uhr, Metro: Syntágma

Wenn die Nacht beginnt

Athener und Athenerinnen tanzen immer und überall gern. Tanzen ist ein Ausdruck des Gefühls, ob Glück, ob Trauer ... Wenn zwei glücklich sind wie hier – umso besser! Beim Tanzen kann jeder ganz Mensch sein, ganz er selbst.

Für Jazz-Fans eine Institution
Half Note ✪ südl. D–E 8
Athens ältester und renommiertester Jazzclub nahe dem Athener Hauptfriedhof gleicht einem Theater. Von Ende Oktober bis in den Mai hinein stehen fast täglich andere Musiker auf der Bühne, spielen Jazz und Blues, Funk, Acid, Tango, Flamenco oder Hip-Hop. Karten reserviert man am besten im Internet.
Odós Trivoniánou 17, Mets, T 210 921 33 10, www.artinfo.gr/halfnote-mini, Metro: Akropoli

Hier tanzen auch Griechen
O Géros tou Moriá ✪ Karte 3, C 6
An der Treppengasse der Pláka reiht sich ein Musiklokal ans andere. Touristen aus Griechenland und aller Welt sitzen drin, zwei oder mehr Musiker sorgen für Unterhaltung, in der Hauptsaison werden auch Tänzer in Trachten engagiert. Für Speis und Trank müssen Sie mit etwa 30–40 €/Person rechnen.
Odós Mnisikléous 27, Pláka, T 210 322 17 53, www.gerostoumoria-restaurant.com, Musik tgl. ab ca. 20 Uhr, Metro: Syntágma

Livemusik zum Kebab
Odós Aischyloú ✪ B 5
Musiklokale müssen nicht teuer sein. Dieses hier ist der Beweis dafür: Der Liter Wein und die meisten Hauptgerichte kosten unter 10 €. Griechische Musik, überwiegend für Griechen gespielt, erklingt hier von Mittwoch bis Sonntag an jedem Abend, dazu getanzt wird eher selten. Touristen sind hier nur Beiwerk, Folklore-Shows Fehlanzeige.
Odós Eschyloú 14–16, Psirrí, T 210 324 41 17, tgl. ab 12 Uhr, Metro: Monastiráki

Griechenland rockt
White Noise ✪ westl. A 4
Sie wollten immer schon mal wissen, wie sich griechischer Rock anhört? Dann sind die mehrmals monatlich

Wenn die Nacht beginnt

stattfindenden Themenabende in dieser Rock-Bar im Szeneviertel Gázi das Richtige. Das zweigeschossige Haus ist auf Nostalgie getrimmt: Alte Poster an den Wänden, spärliche Beleuchtung. Im Sommer öffnet die Dachterrasse für Besucher. Die Themen der Livemusik-Abende werden auf Facebook veröffentlicht, die Preise sind sehr human.

Odós Evmolpídon 20, Gázi, Tel. 690 777 88 89, www.facebook.com/WhiteNoiseMusicPlace, tgl. ab 20 Uhr, Metro: Kerameikos

OPENAIR-KINOS

In Athens Freiluftkinos sitzen Sie in lauschigen Gärten, auf Dachterrassen, an Tischen oder auch an der Bar, genießen kühle Drinks, Nüsse und Snacks zum Film, häufig ist auch die Akropolis zu sehen. Alle Filme werden in der Originalsprache mit griechischen Untertiteln gezeigt.

Aegli Zappiou ☼ E 7
Záppio, T 210 336 93 69, www.aeglizappiou.gr, Metro: Akropoli.

Dexaméni ☼ F 4/5
Platía Dexaméni, Kolonáki, T 210 362 39 42, www.facebook.com/Cine-Dexameni, Metro: Syntágma.

Cine Paris ☼ Karte 3, D 7
Odós Kydathinéon, 22 Pláka, T 210 322 20 71, www.cineparis.gr, Metro: Syntágma.

Thiseíon ☼ A 7
Odós Apostólou Pávlou 7, Thisío, T 210 342 08 64, www.cine-Thisío.gr, Metro: Thisío.

THEATER, OPER, KLASSISCHE MUSIK UND TANZ

Fast immer steht auf dem Spielplan mindestens eines Athener Theaters eine antike Tragödie oder Komödie. Besonders darum bemüht ist das **Ethnikó Théatro** (👁 B/C 3), das griechische Nationaltheater (Odós Ag. Konstantínou 22, Omónia, T 210 330 18 80, www.n-t.gr). An Wochenenden laufen englische Übersetzungen der auf Griechisch gespielten Stücke auf einem elektronischen Textband über der Bühne. Tickets können über das Internet erworben werden.
Vielleicht reizt Sie eher der Besuch einer Oper, einer Operette oder einer Ballettaufführung? Die 2017 eröffnete neue griechische **Nationaloper** im **Niárchos Cultural Centre** (Karte 5 C 4, Leof. Sygrou 364, Kalithéa, T 213 088 57 00, www.nationalopera.gr) ist ein Meisterwerk des italienischen Stararchitekten Renzo Piano. Orchester, Ballett und Chor gehören ebenso zum Haus wie ein eigenes Ensemble. Die Hauptrollen werden häufig auch mit internationalen Stars der Opernwelt besetzt. Auch fürs Opernhaus kauft man seine Tickets am besten vorab im Internet.

Zwischen Ende Mai und September können Sie zudem in einem Freilufttheater nahe der Akropolis professionelle Aufführungen in historischen Trachten durch das **Tanztheater Dóra Strátou** (👁 westl. A 8) erleben (Odós Antéou, www.grdance.org).
Wenn Sie zwischen Juni und August nach Athen kommen, können Sie im Rahmen des »Athens Festival« Theater, Tanz und Konzerte im antiken **Odeon des Herodes Atticus** (👁 B 7, ▶ S. 41) unmittelbar unterhalb der Akropolis erleben. Das Programm finden Sie im Frühjahr unter www.greekfestival.gr, wo auch die entsprechenden Karten erhältlich sind. Allerdings können Sie diese auch noch ab zwei Stunden vor Vorstellungsbeginn an der Abendkasse des Odeons sowie vorab im Festivalbüro erwerben (Odós Panepistimíou 37, in der Stoá Pesmazóglou), Mo–Fr 9–17, Sa 9–15 Uhr. Um das Erlebnis ›Antikes Theater‹ bestmöglich zu erleben, bucht man am besten einen Platz auf den preiswerten oberen Rängen, von denen man übers hohe Bühnenhaus hinwegblickt.

Hin & weg

ANKUNFT

Athens Flughafen zählt zu den modernsten in Europa. Flughafencode: ATH, http://www.aia.gr
Bus: Sie verlassen die Gepäckausgabehalle, wenden sich nach rechts und stehen schon nach 25 m am Exit 5, vor dem die Flughafenbusse rund um die Uhr ins Stadtzentrum abfahren. Am Kioskschalter links vom Ausgang kaufen Sie die Tickets, 15 m entfernt fährt Bus X95 zum Syntágma-Platz ab. Von dort erreichen Sie Ihr Hotel in der Pláka bequem zu Fuß. Die Fahrzeit beträgt 50–70 Minuten. Das Ticket kostet 6 €, Senioren (ab 65 J.) und Studenten (bis 25 J.) zahlen die Hälfte.
Metro: Steht Ihr Hotel nahe am Omónia-Platz, in Monastiráki oder Thisío,

Mit dem Moped geht's schneller durch die Innenstadt.

nehmen Sie besser die Metro. Dazu gehen Sie vom Exit 5 links am Flughafengebäude entlang und wechseln dann auf einer Brücke die Straßenseite zur Metrostation. Dort kaufen Sie Ihr Ticket, das Sie vor Fahrtantritt entwerten müssen. Mit Linie 3 kommen Sie über den Syntágma-Platz zu den Stationen Monastiráki und Thisío. Um zum Omónia-Platz zu gelangen, müssen Sie am Syntágma-Platz in die Linie 2 Richtung Anthoúpoli umsteigen. Tickets für die Metro, die zwischen ca. 6 und 24 Uhr verkehrt, kosten für die einfache Fahrt für eine Person 10 €, für Hin- und Rückfahrt 18 € (Jugendliche, Studenten und Senioren zahlen die Hälfte).
Taxi: Natürlich können Sie sich auch mit dem Taxi direkt zu Ihrem Hotel bringen lassen. Für Taxifahrten gilt tagsüber ein Festtarif zu jedem Punkt in der Innenstadt. Dann zahlen Sie für den Wagen, der bis zu vier Fahrgäste mitnimmt, 38 €. Zwischen 0 und 5 Uhr werden 55 € fällig.

BEWEGLICHE FEIERTAGE

Athen tickt anders als der Rest Europas – auch bei den Feiertagen. Sie können bis zu fünf Wochen später liegen als bei uns. Zur Verwirrung wird aber in manchen Jahren Kirchliches auch zeitgleich mit uns gefeiert. Betroffen sind Karneval und Rosenmontag, Fastenzeit, Karwoche und Ostern sowie Pfingsten.
Rosenmontag: 11. März 2019, 2. März 2020, 15. März 2021.
Karfreitag: 26. April 2019, 17. April 2020, 30. April 2021.
Ostern: 28./29. April 2019, 19./20. April 2020, 2./3. Mai 2021.
Pfingsten: 16./17. Juni 2019, 7./8. Juni 2020, 20./21. Juni 2021.

TOURISTENINFORMATION

Die offiziellen Büros der Tourist Information können Sie vergessen. Sie machen sich selbst durch Inkompetenz, Lustlosigkeit und Mangel an Informationsmaterial überflüssig.
GNTO/EOT: Odós Dionysíou Areopagítou 18–20, T 210 331 03 92.

ATHEN IM NETZ

www.thisisathens.org: Offizielle englischsprachige Website der Stadt Athen, flott aufgemacht und sehr informativ. Mit aktuellem Veranstaltungskalender.
www.athensguide.com: Der in Athen

lebende US-Amerikaner Matt Barrett betreibt seit Jahren den besten und ausführlichsten Blog über die griechische Hauptstadt.
www.griechenland.net: Wer einen PDF-Download der jeweils dienstags um 17 Uhr erscheinenden aktuellen Ausgabe kauft, findet dort einen deutschsprachigen Veranstaltungskalender für die nächsten Wochen.
www.culture.gr: Ausführliche Informationen auf Englisch zu allen staatlichen Museen und zu den archäologischen Stätten in Athen und in ganz Griechenland, meist mit aktuellen Öffnungszeiten und Eintrittspreisen.
www.ekathimerini.gr: Englische Ausgabe einer Athener Tageszeitung.
www.klaus-boetig.de: im Blog des Autors dieses Bandes erscheinen fast täglich News und Reportagen zu Athen und Griechenland.

WLAN

In Griechenland können Sie gut auf den Kauf einer griechischen SIM-Card verzichten; auch Roaming-Gebühren lassen sich gut vermeiden. Jedes Hotel, fast jede Taverne und jedes Café bieten kostenlosen, schnellen WLAN-Zugang an. Darüber kann man auch kostenlos skypen und Face Time nutzen. WLAN heißt auf Griechisch übrigens Wai-Fai (erkennen Sie es wieder?). Um das Passwort zu erfahren, fragt man nach ›kodikós‹ oder ›passwoıd‹.

RAUCHEN

Zum griechischen Demokratie-Verständnis gehört, trotz gesetzlicher Verbote viel Verständnis für Raucher zu zeigen. Das von der EU aufgezwungene gesetzliche Rauchverbot für alle öffentlichen Verkehrsmittel, für Metrostationen, Bahnhöfe und Flughäfen wird strikt befolgt. Tavernen machen häufig Ausnahmen, solange sich kein anderer Gast beschwert, viele Hotels bieten weiterhin auch Raucherzimmer an.

SICHERHEIT

Die Kriminalitätsrate in Griechenland gehört trotz eines gewissen krisenbedingten Anstiegs zu den niedrigsten in Europa. In Athen braucht man sich vor schweren Raubüberfällen auf offener Straße, Handtaschenraub vom Motorrad aus oder Einbrüchen in Hotelzimmer nicht sonderlich zu ängstigen. Taschendiebstahl wird aber immer häufiger, auch Überfälle durch Drogenabhängige nehmen zu. In öffentlichen Verkehrsmitteln, bei Großveranstaltungen und in Vierteln wie Exárchia, Metaxourgío sowie rund um den Omónia-Platz ist größere Vorsicht angebracht. Ein funktionierendes Fundbüro gibt es in Athen nicht.

WICHTIGE NOTRUFNUMMERN

Krankenwagen, Polizei und Feuerwehr: T 112; gebührenfrei; Englisch wird fast immer verstanden.
Sperren von Bank-, Kredit- und SIM-Karten: T 0049 116 116 (von deutschen Providern).
Deutsche Botschaft: T 210 728 51 11, www.athen-diplo.de.
Österreichische Botschaft: T 210 725 72 70, www.aussenministerium.at/athen.
Schweizer Botschaft: T 210 723 03 64, www.eda.admin.ch/athens.

UMWELTFREUNDLICH UNTERWEGS

Zu Fuß
Die meisten Ziele Athens kann man bequem zu Fuß erreichen. Fußgängern sollte jedoch klar sein, dass Zebrastreifen in Athen keinerlei Beachtung finden und grüne Fußgängerampeln nicht bedeuten, dass man die Straße ungefährdet überqueren kann. In der Athener Innenstadt sind zahlreiche Straßen in Fußgängerzonen umgewandelt worden. So ist es seither möglich, die Akropolis weiträumig zu umrunden, ohne eine einzige Autostraße überqueren zu müssen.

Hin & weg

Mit dem Fahrrad
Fahrradfahrer sieht man in Athen äußerst selten. Dementsprechend rechnen Autofahrer auch nicht mit ihnen. Fahrradwege gibt es fast gar nicht, Fahrradständer nur ganz selten. Um Athen auf eigene Faust mit dem Fahrrad zu erkunden, muss man zum Harakiri neigen. Zwei Holländerinnen allerdings können Sie sich anvertrauen. Natalie Lekanídis und Monique van Hulst betreiben je ein kleines Fahrradtouren-Unternehmen. Monique setzt auf holländische Tourenräder, Natalie auf E-Bikes. Die beiden und ihre Guides kennen relativ fahrradfreundliche Schleichwege und führen ihre Gäste stets sicher und weitgehend abseits des Hauptverkehrs zu verschiedensten Zielen.

Let's meet in Athens: Tourenräder; Odós Tournavítou 8, Psirrí, T 698 704 97 32, www.meetinathens.eu.
We-Bike Athens: E-Bikes; T 21 103 47 22 65, www.webikeathens.gr
Beide Odós Apostólou Pávlou 53, Thisío.

Metro
Drei Linien verkehren in dichtem Takt täglich zwischen ca. 5 und 24 Uhr.
Linie 1 verbindet den Haupthafen von Piräus mit dem Villenvorort Kifissía und hält auch am Olympiastadion. Innerstädtische Umsteigestationen sind Monastiráki und Omonía.
Linie 2 verbindet Anthoúpolis und den Hauptbahnhof von Athen mit Ellinikó. Innerstädtische Umsteigestationen sind Omonía und Syntágma.
Linie 3 verbindet Agía Marína und Monastiráki über den Syntágma-Platz mit Doukíssis Plakentías, einige Züge fahren weiter bis zum Flughafen.
Tickets: Einzelfahrscheine (außer zum Flughafen) kosten 1,40 €. Sie sind an Automaten in den Stationen, an Kiosken und bei Straßenverkäufern erhältlich und 90 Min. lang gültig. Für Studenten bis 25 Jahre und Senioren ab 65 Jahre 0,60 €.

Busse
Zahlreiche Buslinien bedienen Athen zwischen ca. 5 und 24 Uhr. Es gibt jedoch keinen gedruckten Fahrplan und keinen Netzplan. An größeren Haltestellen hängen aber Streckenpläne für die jeweils dort haltenden Linien; unter www.oasa.gr kann man alle Routen finden.
Tickets: 1,40 €, Studenten und Senioren 0,60 €; 90 Minuten gültig. 24-Stunden-Tickets, die zur unbeschränkten Benutzung aller Bus- und Metrolinien außer denen zum Flughafen berechtigen, sind an den Metrostationen für 4,50 € erhältlich. 72-Stunden-Tickets, die auch vom und zum Flughafen gültig sind, kosten 22 €. 9 € kosten 5-Tages-Tickets ohne Fahrt vom und zum Airport.

Tram
Die vom italienischen Designer Pininfarina gestylte Tram verbindet den Syntágma-Platz mit Voúla sowie mit Néo Faliró. Eine dritte Linie fährt zwischen Néo Faliró und Voúla immer am Meer entlang und ist eine der schönsten Straßenbahnlinien Europas.
Ticket: 1,40 €, Studenten und Senioren 0,60 €; 90 Minuten gültig.

Wechsel des Verkehrsmittels
Innerhalb der Gültigkeitsdauer des Tickets können alle Verkehrsmittel beliebig kombiniert werden.

Taxi
Ein Taxi zu finden ist oft schwer. An Standplätzen stehen meist nur nachts ein paar Wagen herum. Man kann versuchen, ein schon besetztes Taxi am Straßenrand anzuhalten. Dabei ruft man dem Fahrer das Ziel zu. Passt es ungefähr in seine Richtung, steigt man zu. Der Fahrpreis wird von jedem Fahrgast für seine Strecke in voller Höhe entrichtet. Angenehmer ist es, sich von der Rezeption ein Funktaxi rufen zu lassen. Das ist zwar etwas teurer, dafür bleibt man aber im Taxi allein und fährt direkt ans Ziel.

Überlandbusse
Von den beiden Athener Fernbusbahnhöfen aus fahren zahlreiche klimatisierte Linienbusse in alle Provinzhauptstädte des Landes. Busse auf den Peloponnes fahren vom Busbahnhof in der Leofóros

Kifissoú 100 (Karte 2, nördl. aF1; ab Omónia-Platz/Platía Ag. Konstantinou Bus 051). Busse nach Délfi fahren vom Busbahnhof in der Odos Liossíon 260 (nördl. B 1, ab Syntágma-Platz Bus 024). Busse zu Zielen in der Athen umschließenden Provinz Attika fahren ebenfalls von zwei verschiedenen Busbahnhöfen ab: nach Lávrio und Kap Soúnio nahe dem Archäologischen Nationalmuseum (Metro Viktoria) von der Odós Mavromatéon/Leofóros Alexándras (D 1), nach Elefsína und ins westliche Attika am der Metrostation Thisío (A 5). Tickets kauft man am Fahrkartenschalter an den Busbahnhöfen.

Züge
Ausflüge nach Mittel- und Nordgriechenland, z. B. zu den Metéora-Klöstern, kann man auch mit dem Zug unternehmen. Die Züge starten am Hauptbahnhof Larisis (gleichnamige Metrostation). Wer zum Peloponnes mit dem Zug reisen will, kommt mit dem Vorortzug Proastiakó von dort und vom Flughafen nur bis nach Korinth und Kiáto. Infos auf http://tickets.trainose.gr.

Leihwagen
Autos für Ausflüge in die Umgebung sind auch in der Innenstadt erhältlich, aber man mietet sie besser am Flughafen an. So vermeidet man den dichten Stadtverkehr und die wegen schlechter Ausschilderung oft erheblichen Orientierungsprobleme. Vom Flughafen erreicht man über die Stadtautobahn Attikí Odós schnell und sicher alle Ausflugsziele bis hin nach Délfi und zum Peloponnes.

STADTRUNDFAHRTEN

Organisierte Stadtrundfahrten mit Bussen werden zwar auch in Athen angeboten, lohnen da aber noch weniger als anderswo ihren hohen Preis. Viele der Hauptsehenswürdigkeiten der Stadt liegen ja in der Pláka, in die Busse nicht eindringen können, oder an Fußgängerzonen.
Wer auf einen gewissen Grad von Organisation und Führung dennoch nicht verzichten möchte oder einfach schlecht zu Fuß ist, findet jedoch in den Hop-on/Hop-off-Bussen eine akzeptable Alternative. Diese Busse sind Doppelstöcker mit offenem Oberdeck. Erklärungen werden in der Wunschsprache über Kopfhörer vom Band geliefert. Zentraler Abfahrtsort der Busse ist die Südwestecke des Syntágma-Platzes, dort werden auch die Tickets verkauft. Billiger sind sie allerdings bei Vorausbuchung im Internet. Die Busse fahren von April bis Oktober täglich zwischen 8 und 19.30 Uhr, von Dezember bis März täglich 9–17.30 Uhr vom Syntágma-Platz ab. Die Athen-Tour dauert etwa 90 Minuten, kombiniert man sie mit einer Piräus-Tour, werden ca. drei Stunden daraus. Innerhalb Athens hält der Bus an etwa 14 Haltestellen. Man kann nach Belieben aus- und in einen späteren Bus wieder einsteigen. In Kombination mit Piräus bieten sich ca. 23 solcher Ausstiegsmöglichkeiten. Das Athen-Ticket ist 24 Stunden gültig; auch 3-Tage-Tickets sind erhältlich.
Athen-Ticket ca. 17 € (Internet 15 €), Kombiticket ca. 20 € (Internet ab 18 €).
Athens Open Tour, Kiosk am Syntágma-Platz, T 210 881 52 07, www.athensopentour.com.

KOSTENLOSE STADTRUNDGÄNGE

Wer Athen ganz individuell in Begleitung eines oder einer Einheimischen kennenlernen möchte, hat bei etwas Vorbereitung Gelegenheit dazu – sogar kostenlos. Unter dem Motto »This is my Athens« haben sich Athener und Athenerinnen zusammengeschlossen und offerieren kostenlose, meist etwa zweistündige Stadtführungen, deren Programm aus einer Kombination von Wünschen der Gäste und Ideen der Guides besteht. Englisch sprechen sie alle, einige auch Deutsch. Trinkgeld wird nicht erwartet.
Auf http://myathens.thisisathens.org können Sie sich unter »I'm a visitor/Book a tour« registrieren und ihre speziellen Interessen und Ihren Terminwunsch angeben. Innerhalb von 48 Stunden werden Sie dann kontaktiert.

O-Ton Athen

kalí méra

Einen guten Tag wünscht man bis zum Mittagsschlaf,

kalí spéra

KALÍ NÍCHTA

dann vom Mittagsschlaf bis spät in die Nacht hinein.

jássu/jássas

nur dann, wenn man wirklich wieder das Bett anstrebt

ersetzt Hallo und Tschüss im Singular/Plural

ENDÁKSI

élla

ist keine Taxibestellung, sondern ein Okay

KALÓ TAKSÍDI

hört man gern, heißt es doch: ›Komm!‹

wünscht man statt ›Gute Reise‹

parakaló

nee

heißt ›bitte‹ und ist stark in Gebrauch

ist vor allem für Berliner eine Falle. Hier heißt es nämlich ›ja‹.

ÓCHI

áwrio

hört man weniger gern, es ist ein klares ›Nein‹.

entlastet von Stress, verschiebt es doch Entscheidungen auf morgen

Register

3 Quarters 103
360 107

A
Accessoires 101
Acropolis Museum (Akropolismuseum) 35
Adrian 87
Aegli Zappíou 109
A for Athens 63, 87, 106
Agía Dínami, Kapelle 85
Agía Marína 44
Ágios Dimítrios Loumbardiáris 45
Ágios Dionýsios-Kathedrale 58
Ágios Simeónos 28
Agorá-Museum 41
Akademie der Wissenschaften 58
Akropolis 30
Alexander-Grigorópoulou-Schrein 54
Álsos Thisíou 84
Amorgós 100
Anafiótika 10, 27, 29
Angelidis Bachárika-Vótana 99
Ankunft 110
Anna Riska 101
Áno Petrálona 50
Anthémion 95
Antike Agorá 41
Apanemiá 107
Archaeologist Host 37
Archäologischer Boulevard 39
Archäologisches Nationalmuseum 64
Archäologische Stätten 81
Areopag 46, 84
Athener Trilogie 58
Athens Cypria 87
Athens La Strada 87
Athens was 89
Athinaíon Politía 40
Atlantikós 95
Attica 57, 103
Aussichtspunkt 28

Avlí 94
Avocado 94

B
Baba au Rum 105
Bábis 100
Badminton Theater 104
Bairaktáris 91
Bars 105
Bau für das Doridis-Teleskop 44
Benaki-Museum 78
Benizélos Mansion 26
Bewegliche Feiertage 110
Birraria Bibere 76
Black Duck Garden 59
Booze Cooperativa 105
Bouboulína 76
Bougatsádiko I Thessalóniki 91
Bréttos 24, 29, 106
Bücher 99
Bus 110, 112
Byzantine and Christian Museum (Byzantinisches und Christliches Museum) 68

C
Café 77 63
Café am Schliemann-Haus 59
Café Garden 66
Cafés 105
Café Soirée 72
Cantina Social 105
Central 87, 107
Centre of Hellenic Traditions 100
Charlotte 76
Cinema Riviera 54
Cine Paris 24, 109
City Link 58
Coco-Mat 89

D
Dachgärten 106
Dafní, Kloster 82, 83
Damígos 92
Daphne's 95
Delikatessen 99

Denkmal des Lysikrates 28
Design 100
Desire 99
Deutsche Botschaft 111
Deutsche Buchhandlungen 99
Dexaméni 109
Dexípos Art Gallery 100
Diónysos-Theater 34, 39
Diónysos-Zonar 44
Dioskoúri 91
Dípylon 42
Dóra Strátou 109
Dosirak 96

E
East Pearl 96
Eintritt 32
Electra Palace 87
Élena Vótsi 101
Elgin Marbles 36
Emborikó Trígono 10
Épirus 91
Erechtheion 32
Ermäßigungen 80
Ethnikón 22
Ethnikó Théatro 109
Evzonen 102
Exárchia 10, 51, 53

F
Fanourákis 100
Feiertage 110
Feuerwehr 111
Fish Spa 26
Fleischmarkthalle 63
Flohmarkt 63
Flughafen 103, 110
Freier Eintritt 80
Fresh 89

G
Gazarte, 50
Gázi 11, 47
Gazi College Eatery 76
Gazi View 50, 107
Gazochóri 49, 50
Gemüsemarkt 61
Geschenke 100

115

Register

Grabmal des Unbekannten Soldaten 21
Grande Bretagne 21

H
Hadriansbibliothek 26
Hadrianstor 81
Half Note 108
Hans & Gretel 95
Haris Cotton 26, 102
Heiliges Tor 42
Hellenic Maritime Museum 75
Hellenic Motor Museum 79
Hephaistos-Tempel 41, 47
Hondos Center 103

I
Ilías Lalaoúnis 100
Ilissia 70
Internet 110
Ioánna Kourbéla 26, 102
I Oraía Éllas 105

J
Jing 96
Jüdisches Museum Griechenlands 78

K
Kafenío Dípylo 63
Kalógyrou 103
Kapnikaréa, Kirche 84
Karfreitag 110
Kastélla-Hügel 77
Káto Petrálona 50
Katsigiáni 101
Kaufhäuser 103
Kentrikí Agorá 62
Kerameikós 42
Kesariání 90
Kessariání, Kloster 83
Kifisiá 90
King George II 21
Klassische Musik 109
Klöster 82
Kolonáki 10, 72
Kombi-Ticket 40
Kombitickets 80
Kommunale Galerie 53, 55
Konstantinopoúlou-Loeb 99
Korres 101
Kosmikón 25
Koukáki 38
Koúros 103
Kourouniótis 102
Kouteliéris, Dimítris 26
Krankenwagen 111
Kriegsmuseum 79
Krínos 63
Kurioses 100
Kuzína 92

L
La Stampa 26
Laufen 111
Lebensmittel 99
Leihwagen 113
Léna Katsanídou 102
Limanáki 75
Livemusik 107
Loumídis Coffee Shop 99
Lykavittós 73, 85

M
Markthallen 60, 62
Mastiha Shop 99
Melína 28, 29, 105
Metamatic:taf 106
Metamórfosi Sotirós 24
Metaxourgío 51, 55
Metro 110, 112
Metrostation Evangelismos 71
Metrostation Metaxourgio 55
Metrostation Syntagma 22, 71
Mikrolímano 76
Miseyánnis 99
Mode 101
Monastiráki 11
Moscháto 90
Moschoútis 103
Mr. Vinylios 99
Municipal Gallery of Athens 53, 55

Museum antiker griechischer Technologie 79
Museum der Stadt Athen 59
Museum für griechische Volksmusikinstrumente 79
Museum für kykladische Kunst 78
Museum of the Ancient Agora 41
Museum of the City of Athens 59
Museumsmeile 80
Musik 99

N
National Archaeological Museum 74
Nationalbibliothek 58
Nationales Schifffahrtsmuseum 75
Nationale Technische Universität 52
Nationalgarten 84
Nationalmuseum der Zeitgenössischen Kunst (EMST) 78
Nationaloper 109
New 89
Niárchos Cultural Centre 109
Nike-Tempel 30, 31
Nolan 96
Noodle Bar 96
Nótos 99
Nótos Galleries 103
Notrufnummern 111
Numismatic Museum (Numismatisches Museum) 57

O
Odeon des Herodes Atticus 41
Odós Adrianoú 26
Odós Aischylou 108
Odós Mnisikléous 28
Odós Panepistímiou 56
Öffentliche Verkehrsmittel 112

Register

Öffnungszeiten 25
O Géros tou Moriá 108
Ómiros 88
Openair-Kinos 109
Oper 109
Orizóntes 73
Ostern 110
Österreichische Botschaft 111

P
Panathenäisches Stadion 81
Paradosiakó Tavérna 91
Parko Parking 54
Parlamentsgebäude 20, 22
Parthenon 33
Pasají 96
Pfingsten 110
Philopáppos-Denkmal 46
Philopáppos-Hügel 45
Piräus 11, 74
Pláka 23, 88
Plátanos 92
Platía Ious 50
Platía Karáiskaki 74
Platia Kótzia 98
Platía Mérkouri 50
Platia Viktorías 67
Pnyx 45
Politistiko Kentro »Melína« 48
Polizei 111
Polytechnío 52
Postamt 22
Propyläen 31
Prozessionsstraße 42
Psarrás 93
Public 103
Public Café 22
Public Multi Stores 21

R
Radfahren 112
Rathaus 61
Rathausplatz 98
Rauchen 111
Relax your soul 99
Remember Now Antifashion 102
Rockwave Festival 104
Römisches Forum 81
Rosenmontag 110
Rozalía 53

S
Sardéles 49
Savvás 91
Schiffsmuseum Trokadero Marina 79
Schmuckmuseum Ilías Lalaoúnis 42
Scholarhío 29, 96
Schuhe 101
Schweizer Botschaft 111
Serbétia tou Psirrí 97
Sfakáki-Bucht 75
Sicherheit 111
Stadtrundfahrten 113
Stadtrundgänge 113
Standseilbahn 73
Sternwarte 44
Stoa des Attalos 41
Stoá Spyrómiliou 58
Syntagma-Platz 21
Sýntagma-Platz 20

T
Tanz 109
Taqueria Maya 96
Taxi 110, 112
Technopolis 49
Tempel des Olympischen Zeus 82
Terra Vibe Park 104
T.G.I. Friday's 96
T-Greeks 100
Thalassa Collection 102

Thanássis 91
Theater 109
The Butcher Shop 49
The Mall 103
Theseion 41, 47
The Sowl 48
Thiseíon 109
Thisío 11, 47
Thissio View 40, 43, 107
To Avgó tou Kokkorá 53
To Ellinikó Spíti 100
To Kafeneío 29, 97
Touristeninformation 110
Tram 112
Trenáki 24
Tsakíris Málas 102

U
Überlandbusse 112
Übernachten 86
Umweltfreundlich unterwegs 111
Universität 58
Universitätsstraße 56

V
Varvakeíos-Markt 62
Venéti 1948 92
Voliótiko Tsipurádiko 93
Vréttos 25
Vryssáki 106

W
White Noise 108
WI AN 111

Y
Ydría 25, 94

Z
Zappeion 84
Zéa Marína 76
Zug 113

Das Klima im Blick
Reisen bereichert und verbindet Menschen und Kulturen. Wer reist, erzeugt auch CO_2. Der Flugverkehr trägt mit bis zu 10 % zur globalen Erwärmung bei. Wer das Klima schützen will, sollte sich – wenn möglich – für eine schonendere Reiseform entscheiden oder die Projekte von atmosfair unterstützen. Flugpassagiere spenden einen kilometerabhängigen Beitrag für die von ihnen verursachten Emissionen und finanzieren damit Projekte in Entwicklungsländern, die dort den Ausstoß von Klimagasen verringern helfen (www.atmosfair.de). Auch der DuMont Reiseverlag fliegt mit atmosfair!

Abbildungsnachweis

Getty Images, München: Titelbild, Faltplan (Barbow); S.80 (DeAgostini/Nimattalah); 44 (Design Pics/Mainse); 30 (Freeman)
Huber Images, Garmisch-Partenkirchen: S. 93 (Dutton); 38, 120/6 (Manser); 8/9 (Santoni)
iStock.com, Calgary (Kanada): S. 120/4 (labsas); 62 (Massonstock); 94 (milangonda); 83 (Pallikaras); 110 (Starcevic); 86 (Tanuki)
laif, Köln: S. 67 (Bode); 88, 103 (hemis.fr/Maisant); 75 (Heuer); 98 (Hoa-Qui/Godwin); 7, 12/13, 21, 24, 46, 60, 64, 65, 66, 85 (Hub); 32 (Hughes); 22, 104 (IML); 120/3 (Leemage/Opale/Matsas); 37 (Keystone/Kefalas); 20 (Kouri); 35, 36, 54, 55, 78/79, (Pilos); 4 u. (Redux/Tzortzinis); 108 (Rigaud); 47, 48, 49, 50 (Schwelle); 120/7 (Stern/Pilos); 23 (SZ Photo/Eckel); 57 (SZ Photo/Giribas)
Look, München: S. 76 (Pompe); 43 (Stankiewicz)
Mauritius Images, Mittenwald: S. 39 (AGE/Funkystock); 74 (AGE/Leiva); 26 (AGE/Paterna); 56 (Alamy/Capital Culture Gallery); 70 (Alamy/Genin); 120/1 (Alamy/Keystone); Umschlagklappe hinten (Alamy/Kozov); 28 (Alamy/Milas); 4 o., 68 (Alamy/Randebrock); 120/2 (Alamy/Quagga Media); 51 (Alamy/Vaissière); 71 (Alamy/Vafeiadakis); 120/8 (Alamy/Art Collection 3); 82 (Imagebroker/Haupt); 120/5 (United Archives)
Bastian Parschau, Kreta: S. 14/15, 16/17, 27, 97
Schapowalow, Hamburg: S. 73, 101 (Borchi); 34 (SIME/Da Ros); 90 (SIME/Dutton); Zeichnungen: S. 2, 11, 33, 58, Umschlagklappe vorn: Gerald Konopik, Fürstenfeldbruck; S. 5: Antonia Selzer, Stuttgart

Kartografie
DuMont Reisekartografie, Fürstenfeldbruck
© DuMont Reiseverlag, Ostfildern

Umschlagfotos
Titelbild: Blick auf den Parthenon, Akropolis von Athen
Umschlagklappe hinten: Wachablösung am griechischen Parlament

Hinweis: Autoren und Verlag haben alle Informationen mit größtmöglicher Sorgfalt geprüft. Gleichwohl sind Fehler nicht vollständig auszuschließen. Alle Angaben erfolgen ohne Gewähr. Bitte, schreiben Sie uns! Über Ihre Rückmeldung zum Buch und Verbesserungsvorschläge freuen sich Autoren und Verlag:
DuMont Reiseverlag, Postfach 3151, 73751 Ostfildern,
info@dumontreise.de, www.dumontreise.de

2., aktualisierte Auflage 2019
© DuMont Reiseverlag, Ostfildern
Alle Rechte vorbehalten
Autoren: Klaus Bötig, Elisa Hübel
Redaktion/Lektorat: Hans E. Latzke; Marianne Bongartz
Grafisches Konzept: Eggers+Diaper, Potsdam
Printed in China

Kennen Sie die?

9 von 665 000 Athenern

Aristoteles Onassis
Der Großreeder und Multimilliardär war oft mit Freundin Maria Callas und Gattin Jackie Onassis in Athener Nightclubs zu Gast. Da warf er für tanzende Freunde keine Teller, sondern Champagnerflaschen auf die Piste.

Lysistrata
Nur noch im Theater: Lysistrata ruft die Frauen zur sexuellen Verweigerung als Kampf für den Frieden auf. Der Athener Komödiendichter Aristophanes hat das Stück vor über 2400 Jahren geschrieben.

Pétros Markáris
Sein Kommissar Kóstas Charitos ist für Athen, was Commissario Brunetti für Venedig ist. Seine Fälle spiegeln Zeitgeschichte, aber auch die ideologischen Brüche des linksarrivierten Milieus in Athen.

Sokrates
»Klug ist der, der weiß, dass er nichts weiß«, sagte der schlaue Philosoph vor 2500 Jahren. Ein gefährlicher Gedanke in Augen derer, die das Sagen hatten. Sie verurteilten ihn zum Tod.

Melína Mercoúri
Wurde vom internationalen Filmstar (Sonntags ... nie) zur griechischen Kultusministerin. Der Gattin von Jules Dassin hat Europa auch die Institution der ›Kulturhauptstadt‹ zu verdanken. Athen war die erste.

Evzone
Gardesoldaten in Röcken mit Schürze und Schnabelschuhen: Folklore im Staatsdienst vor dem Denkmal des Unbekannten Soldaten am Syntágma-Platz. Zu jeder vollen Stunde geraten sie in Bewegung.

Yánis Varoufákis
Die temporäre Lichtgestalt der europäischen Linken hat dem europäischen Establishment 2015 nur kurze Zeit Aufregung beschert. Sein Dienstmotorrad bleibt unvergessen.

König Otto
Ein Bayer residierte auf Wunsch der Großmächte als erster König Griechenlands in Athen. Dass er die Landesfarben Weiß-Blau mitbrachte, ist nicht sicher.

Pavlos Efmorfidis
Der erfolgreiche Athener Unternehmer ist mit seiner ethisch-ökologischen Matratzenmanufaktur Coco-Mat weltweit in luxuriösen Schlafzimmern präsent.